VOL. 25

CIP-Brasil. Catalogação-na-Publicação
Câmara Brasileira do Livro, SP

H899j
Humbert, Elie G.
Jung / Elie G. Humbert ; [tradução de Marianne Ligeti]. — São Paulo : Summus, 1985.
(Novas buscas em psicoterapia ; v. 25)

Bibliografia.

1. Jung, Carl Gustav, 1875-1961 I. Título.

85-1065

CDD-150.195092
-150.1954

Índices para catálogo sistemático:
1. Jung, Carl Gustav : Psicologia analítica
150.1954
2. Psicanalistas : Biografia e obra 150.195092

Elie G. Humbert

Jung

novas buscas
em psicoterapia

summus editorial

Do original em língua francesa
JUNG
Copyright © by éditions universitaires, Paris 1983

Tradução de:
Marianne Ligeti

Revisão técnica de:
Marianne Ligeti e Maria Lima de Andrade Simões

Capa de:
Luís Lieff

Direção da Coleção:
Paulo Eliezer Ferri de Barros

Leitura recomendada pela
Sociedade Brasileira de Psicologia Analítica

Proibida a reprodução total ou parcial
deste livro, por qualquer meio e sistema,
sem o prévio consentimento da Editora.

Direitos para o Brasil
adquiridos por
SUMMUS EDITORIAL LTDA.
Rua Cardoso de Almeida, 1287
05013 - São Paulo, SP
Telefone (011)872-3322
Caixa Postal 62.505
que se reserva a propriedade
desta tradução.

Impresso no Brasil

NOVAS BUSCAS EM PSICOTERAPIA

Esta coleção tem como intuito colocar ao alcance do público interessado as novas formas de psicoterapia que vêm se desenvolvendo mais recentemente em outros continentes.

Tais desenvolvimentos têm suas origens, por um lado, na grande fertilidade que caracteriza o trabalho no campo da psicoterapia nas últimas décadas, e por outro, na ampliação das solicitações a que está sujeito o psicólogo, por parte dos clientes que o procuram.

É cada vez maior o número de pessoas interessadas em ampliar suas possibilidades de experiência, em desenvolver novos sentidos para suas vidas, em aumentar suas capacidades de contato consigo mesmas, com os outros e com os acontecimentos.

Estas novas solicitações, ao lado das frustrações impostas pelas limitações do trabalho clínico tradicional, inspiram a busca de novas formas de atuar junto ao cliente.

Embora seja dedicada às novas gerações de psicólogos e psiquiatras em formação, e represente enriquecimento e atualização para os profissionais filiados a outras orientações em psicoterapia, esta coleção vem suprir o interesse crescente do público em geral pelas contribuições que este ramo da Psicologia tem a oferecer à vida do homem atual.

O mundo em que penetramos ao nascer, é brutal e cruel — ao mesmo tempo é de uma beleza divina. É uma questão de temperamento o acreditar no predomínio do que faz sentido ou do que não faz sentido. Se este último dominasse de maneira absoluta, o aspecto sensato da vida desapareceria cada vez mais, em função da evolução. Mas não é, ou não me parece ser o caso. Como em toda questão de metafísica, ambos são provavelmente verdadeiros: a vida é sentido e não-sentido, ou possui sentido e não-sentido. Tenho a ansiosa esperança que o sentido prevalecerá e ganhará a batalha.

C. G. Jung, Ma Vie, p. 408.

Este livro deve muito à colaboração amiga de Madame Cécile Penette. Aqui deixo meus agradecimentos.

Índice

Prólogo 11

Preâmbulo 13

PRIMEIRA PARTE

CONFONTO COM O INCONSCIENTE

I. A Atividade do Consciente: Três Verbos 19
Geschehenlassen (deixar acontecer), 19; *Betrachten* (considerar/engravidar), 20; *Sich auseinandersetzen* (confrontar-se com), 21

II. Sonhos e Imaginação Ativa 25

A — Sonhos 25
A linguagem das imagens, 26; A linguagem da ação, 27; Conteúdo manifesto, conteúdo latente, 28; Plano objeto — plano sujeito, 29; Em relação com a vida diurna, 30; Sonho e desejo, 31; Amplificação, 32; Etiologia e finalidade, 33

B — A Imaginação Ativa 34
Descrição, 35; Tratar a imagem como uma realidade, 36; Engajar-se em código, 36

III. Dinâmica da Compensação 37
A compensação, 37; O conflito, 39; Um terceiro termo, 41; O desligar-se do consciente e o vazio, 42

IV. Símbolo e Sentimento 45
Mandalas, 45; A representação como experiência, 45; Relação com o desconhecido, 46; Signo e símbolo, 46; Tornar-se consciente de um símbolo, 47; O Deus de Basiléia, 48; Numinoso, 49; Autonomia e possessão, 50; O sentimento, função de avaliação, 50; A posição ética, 53

V. Figuras do Outro 55
A sombra, 56; Persona, 58; A grande mãe, 59; Anima —
animus, 61; Ego/*Self*, 66

VI. Transferência 73
O descolar das projeções, 73; O desafio de um par, 74;
Numa inconsciência comum, 77; O processo, 78; Nasci-
mento de uma capacidade simbólica, 80; Tu, 81

SEGUNDA PARTE

REFLEXÃO SOBRE A RELAÇÃO CONSCIENTE-INCONSCIENTE

I. Epistemologia 85
Valor operativo do conceito, 85; De que experiência?, 86;
Os dois espelhos, 89; História, 90; O ponto de vista ener-
gético, 91; O valor de vida (*Lebenswert*), 92

II. Arquétipos 95
Sistemas herdados, 95; Imagens originais (*Urbilder*), 95;
A imagem traça o caminho (*Bahnung*), 97; Das representações às potencialidades, 97; *Pattern of behaviour*, 98;
Imagens arquetípicas e arquétipos, 99; Órgãos de informação, 99; Arquétipos, complexos e símbolos, 100; Psicóide,
sincronicidade, unidade do mundo, 102

III. Consciente-Inconsciente 105
O consciente, 105; Tornar-se consciente, 106; Tipologia e
orientação do consciente, 108; Inconsciente, 109; Inconsciente pessoal — inconsciente coletivo, 110; O inconsciente
coletivo, 111; A estrutura consciente-inconsciente, 113

IV. O Processo de Individuação 115
A idéia de individuação, 116; Projeção e possesão, 118;
Incesto e sacrifício, 119; A conjunção dos opostos, 123;
Auto-regulação — função transcendente, 124

V. Análise 127
Ser analista, 127; O homem doente, 128; Psicoses, 129;
Neuroses, 131; Apercepção e atitude, 132; O sentido da
doença, 133; A intenção terapêutica, 134

Conclusão — Ciência e Mito 137

Cronologia 141

Bibliografia 145

Prólogo

O questionamento sobre o sentido da vida e das palavras impõem-se a Jung através da realidade de um hospital psiquiátrico. Ali aprendeu que as idéias valem pelo que permitem vivenciar e que o homem só se trata, tornando-se consciente. Esta consciência abre-se à medida do mundo e da história humana, mas ela só se encontra realmente com um ou com outro, ali, onde o sujeito vive seu próprio "não-sentido", isto é, onde ele está ferido. Trata-se do conhecimento de si mesmo, mas este se abre sobre o desconhecido da existência e leva às particularidades das origens individuais.

Essa *ação* provocou malentendidos, por ser difícil de sustentar. Muitos vêem nela, para sua alegria ou indignação, uma maneira de referir-se à psicanálise e ao mesmo tempo evitar seus rigores. Na realidade, levam Jung ao nível dos materiais que ele utiliza, sem compreenderem como os trata. Não notaram as interrogações clínicas subjacentes às referências mitológicas e alquímicas e ouviram-nas segundo seus próprios desejos, como se se tratasse de antropologia, de religião ou de semiologia. Entusiasmados ou irritados, perdem-se tanto na sua admiração quanto nas suas críticas.

Os escritos de Jung são textos analíticos, isto é, não se destinam a apresentar a transposição conceitual de uma prática, mas são eles mesmos uma confrontação com o inconsciente. O texto escrito desempenha na vida de Jung, como na da maioria dos analistas que escrevem, um papel especial. É conseqüência de sua própria análise, em contraponto à de seus pacientes. O analista, ao escrever, projeta seu próprio investimento na análise e propõe a si mesmo seu sentido; deste modo, modifica sua economia libidinal e faz nascer uma nova metáfora.

É preciso ler Jung levando em conta essas diferentes dimensões. Aquele que abre um de seus livros, em busca de uma teoria psicológica, arrisca-se a ficar desconcertado, e a só ver no texto uma mescla de textos soltos e confusamente interligados. Não poderá apreender a linha mestra se não compreender que está penetrando no âmago de um encontro com o inconsciente.

Significa isto que encontrareis neste livro o verdadeiro Jung? É claro que não. Conheci-o pessoalmente, trabalhei com ele e venho me confrontando com sua obra há mais de vinte anos. Isso basta para que eu saiba que ele não era somente o que eu vou dizer, mas que este livro dará uma aproximação útil à sua obra.

Meu objetivo é mostrar como se articulam sua prática e sua reflexão. Acabo de dizer porque esta articulação não é aparente na obra escrita. Entretanto ela existe, como um passo constante; é este que vamos detectar e seguir.

A dimensão deste livro me impõe economizar palavras. Afasto pois, deliberadamente o desenvolvimento das teses assim como suas demonstrações e discussões. Deixo também de lado as relações com as outras correntes psicanalíticas. A obra de Jung suscita numerosas observações e volta a levantar questões que as outras Escolas psicanalíticas enterraram. Por falta de espaço, não falarei delas. Tratarei exclusivamente de ressaltar a lógica interna da obra.

Preâmbulo

A obra de Jung tem sua verdadeira origem no intenso confronto com o inconsciente que viveu entre 1912 e 1919. Este período será o ponto de partida do nosso estudo, mas primeiro devemos indicar brevemente como sua obra já se preparava e se anunciava nos anos anteriores.

Os dois principais interesses de Jung, no começo de sua carreira, são significativos; dirigem-se de um lado para os testes de associações verbais, e de outro, para os fenômenos mediúnicos. Ao participar de reuniões de parapsicologia, Jung mostra até onde se estende seu campo de pesquisa psicológica. Inclusive consagra-lhe sua tese de doutorado médico: "Contribuição à psicologia e patologia dos fenômenos ditos ocultos" (1902-28, pp. 118-218). No conceito de inconsciente que vai propor mais tarde, esforça-se por incluir o conjunto dos fenômenos irracionais (cf. por exemplo, a noção de sincronicidade).

Em 1900 Jung entra como assistente no Burghölzli, hospital psiquiátrico de Zurique dirigido por Eugène Bleuler, e lança-se com certa paixão nas experiências de associações verbais inauguradas por seu chefe. Consiste em dar ao paciente, uma a uma, centenas de palavras indutoras, e em anotar para cada uma, as palavras evocadas, assim como os tempos e modalidades de reação. Jung publicou sobre este projeto, de 1904 a 1909, um número suficientemente grande de estudos para formar um volume inteiro das obras completas. (G. W. 2)

Estas experiências levaram-no a constatar a existência de núcleos ideo-afetivos organizados de modo estável, que provocam perturbações nas associações, mas que não são diretamente observáveis. Para explicá-los, Jung propõe então a noção de "complexo". São suas pesquisas sobre os complexos que vão dispô-lo a aceitar imediatamente a idéia de inconsciente, quando entra em contato com as obras de Freud em 1906.

Um complexo apresenta-se como um grupo de representações com carga emocional. Ao examiná-lo, descobre-se um elemento nuclear portador do significado, e independente da vontade consciente. Uma série de associações, proveniente seja de disposições inatas, seja de aquisições individuais condicionadas pelo meio, está ligada a este núcleo. Elas constituem um conjunto de conteúdos ideo-afetivos que traem sua existência em modificações típicas do comportamento. Os complexos formam-se a partir de uma influência traumática, por repressão ou pela impossibilidade de alguns fatores inconscientes, entrarem em contato com o consciente. Dotados de uma carga afetiva autônoma, os complexos tendem a impor-se à consciência, de um modo repetitivo.

Jung acrescentará mais tarde que a estrutura dos complexos organiza-se segundo esquemas arquetípicos e que a tomada de consciência diminui seus efeitos repetitivos ou destrutivos, em benefício de uma ação construtiva.

Nesta época, consagra aos complexos sua primeira obra importante, a *Psicologia da Demência Precoce* (1907). O título é revelador. Mostra que a noção de complexo convém à compreensão dos psicóticos, de quem Jung se ocupa então diariamente. Permite compreender a fragmentação do psiquismo em dinamismos autônomos. É aí que ele situa primeiro a experiência do inconsciente: um confronto com as forças que impõem ao consciente suas emoções, suas representações e sua orientação. Em comparação o eu não é mais do que um complexo privilegiado.

Em fevereiro de 1907, Freud convida Jung a visitá-lo em Viena. Sua primeira conversa durou treze horas. Depois, durante seis anos, trocarão uma correspondência cuja tradução em francês ocupa dois volumes. Farão juntos sua primeira viagem aos Estados Unidos, e Jung será o primeiro presidente da Associação Psicanalítica Internacional. Isto para mostrar a importância e intimidade de sua relação.

Durante este período, Jung esforça-se por aplicar a psicanálise à terapia dos psicóticos; empreende também uma leitura psicanalítica dos mitos. Freud encoraja esta dupla abertura, pois espera dela uma demonstração de suas descobertas. Na realidade, estes estudos, levarão Jung a tomar cada vez mais consciência de sua diferença.

Durante este mesmo período, mas desta vez na análise das neuroses, Jung observa que não se pode atribuir pura e simplesmente aos pais concretos, a imagem que os filhos têm deles. Esta imagem depende pelo menos tanto do psiquismo da criança quanto do caráter real dos pais. Para designar o esquema próprio da criança, propõe o conceito de Imago.

"Complexo" e "Imago" estão nas bases da psicologia junguiana. O primeiro define uma perspectiva dinâmica. Permite compreender

14

como as forças múltiplas e autônomas que o eu encontra no seu esforço de *conscientização*, são estruturas organizadas. A segunda define o campo intrapsíquico, na medida em que o objeto recebe sua forma e seu nome de esquemas que pertencem ao psiquismo do sujeito. A imago (*Vorbild*) leva ao arquétipo (*Urbild*).

Em 1911-1912, a publicação de *Metamorfoses e Símbolos da Libido*, provoca a ruptura entre Jung e Freud. De tudo o que Jung aproveitou de seus anos de colaboração, o mais importante foi sem dúvida a idéia de inconsciente. Mesmo dando-lhe uma acepção diferente, nunca volta a pô-la em causa. É ela que vai permitir-lhe retornar as palavras de Nietzsche, sem sucumbir à tentação nietzschiana.

No fim da sua vida, pensando nas causas da separação, Jung escreve o seguinte:

> "Quando do meu trabalho sobre as "Metamorfoses e Símbolos da Libido", lá para o fim, eu já sabia que o capítulo "O Sacrifício" custar-me-ia a amizade de Freud. Eu devia expor ali meu conceito próprio de incesto, da metamorfose decisiva do conceito de libido, e outras idéias mais, com as quais eu me separava de Freud... Freud firmemente apegado ao sentido literal do termo, não podia compreender o significado psíquico do incesto como símbolo." (47, p. 195)

O desafio consciente da ruptura é então, para Jung, a concepção do símbolo e a possibilidade de uma relação viva com o inconsciente, tal como esta se estabelece pelo incesto simbólico e pelo sacrifício.

Outro desafio parece ter ficado inconsciente, apesar de aparecer na evolução que se segue imediatamente à separação: trata-se da problemática do sujeito. Nesses mesmos anos, com efeito, Jung chega à idéia do ego e Freud ao narcisismo e à segunda instância. A convergência é significativa mas as abordagens dificilmente conciliáveis.

Ao mesmo tempo, Sabina Spielrein propunha a Freud e a Jung uma pergunta que eles não retomaram de maneira franca e que marca talvez a diferença radical entre eles: a destruição seria a causa do vir a ser?

PRIMEIRA PARTE

CONFRONTO COM O INCONSCIENTE

I

A Atividade do Consciente: Três Verbos

"Depois de separar-me de Freud, começou para mim um período de incerteza interior, e mais do que isso, de desorientação. Sentia-me flutuando, como se totalmente em suspenso." (47, p. 198)

1912 — Jung sai de uma relação intensa com Freud. Tem 37 anos, e fama internacional. Já mostrou uma surpreendente capacidade de transformar as problemáticas estabelecidas e lançou as bases de sua obra. Poderia agora dedicar-se por exemplo a seus trabalhos sobre a esquizofrenia, mas a separação volta a pôr tudo em questão: ele não sabe mais nada.

No meio desta incerteza, restam-lhe as tarefas imediatas de família, a responsabilidade para com os doentes e a idéia de considerar todo o fato humano dentro da relação consciente-inconsciente. Com efeito, continua convencido da existência de uma atividade psíquica autônoma, não voluntária e não consciente, mas não acredita em mais nada do que se diz dela. Decide então dar-lhe a palavra e ver o que acontece. Fazer, sem *a priori*, o aprendizado de si mesmo.

Geschehenlassen (deixar acontecer)

"Pensei então, "ignoro tudo de tal maneira que vou fazer simplesmente o que me vier à cabeça." Abandonei-me assim aos impulsos do inconsciente." (47, p. 201)

E começou a brincar.

"Pus-me a colecionar as pedras apanhando-as à beira do lago, ou na água e pus-me a construir casinhas, um castelo, toda uma aldeia. Todos os dias depois do almoço, quando o tempo permitia, dedicava-me às construções. Mal engolia a última garfada, ia brincar até a chegada dos doentes, e à tarde, se meu trabalho terminasse suficientemente cedo, voltava às construções... Este momento foi uma reviravolta do meu destino." (47, pp. 202-203)

Para descrever esta maneira de fazer o que lhe vem à cabeça, Jung usa o verbo *geschehenlassen* que combina o duplo sentido passivo e ativo de *lassen* (deixar e fazer) com as diferentes modalidades de um acontecimento aparecer (*geschehen* = acontecer, produzir-se, advir). O valor semântico do verbo indica que não se trata nem de um estado de abandono, no qual qualquer coisa poderia surgir, nem da aplicação passiva de uma máxima do tipo "largue tudo".

Com efeito não basta entregar-se ao que aparece, pois o apelo das satisfações imediatas cobriria as vozes mais profundas das orientações e dos desejos. Como discernir uma inclinação interior, no meio dos impulsos e dos devaneios? É preciso, de algum modo, dar à luz o inconsciente, "fazê-lo acontecer". Não ouviríamos nada se nos contentássemos com o mais fácil.

> "Foi durante o Advento do ano de 1913 que me decidi a dar o passo decisivo — no dia 12 de dezembro, estava sentado à minha escrivaninha; pesei mais uma vez os temores que sentia, e então deixei-me cair.
>
> Foi então como se, no sentido próprio, o solo cedesse debaixo de mim e como se eu fosse precipitado numa profundeza obscura. Não pude evitar um sentimento de pânico." (47, p. 208)

É possível dar impunemente livre curso aos impulsos do inconsciente? Não nos arriscamos a destruir os outros e a nós mesmos? Não há perigo de ser subjugado e arrastado numa sucessão de passagens ao ato, na transposição concreta dos fantasmas e dos afetos?

Betrachten (considerar/engravidar)

Frente ao que aparece, Jung não recorre a esquemas de análise, mas à atenção. Impõe-se objetivar a emergência do inconsciente e considerá-la.

Betrachten significa "considerar". Poderia traduzir-se por "realizar" no sentido intransitivo do despertar para a existência do outro. Trata-se de deixar ao inconsciente o imprevisto e a força de suas manifestações e apesar disso não ser possuído por ele. Realizar consiste aqui em levar o afeto ou o impulso a se objetivarem. Quando nos sentimos presos em humores ou idéias prontas, tratamos geralmente de liberar-nos deles através de interpretações ou julgamentos que são finalmente outros humores e opiniões. Por que não escrever ou desenhá-los?

> "Se eu tivesse deixado as coisas permanecerem no plano da emoção, seria o caso de pensar que seria dilacerado pelos conteúdos do inconsciente. Talvez pudesse reencontrá-los, dissociá-los,

cindi-los; mas então, seria certamente vítima de uma neurose e os conteúdos do inconsciente também me destruiriam finalmente." (47, p. 206)

"Comecei esta atividade, anotando os fantasmas que me vinham à cabeça durante o período em que me dediquei aos jogos de construção. Este trabalho de anotação passou então ao primeiro plano. Esta atividade desencadeou uma onda incessante de fantasmas." (47, p. 205)

Objetivando a emoção ou a impulsão, o sujeito toma distância e diferencia-se delas. Entra então numa outra relação com aquilo que o afeta.

"Em alemão *Betrachten* significa também tornar prenhe, engravidar. *Trächtig* significa prenhe, mas só é utilizado para os animais. Assim, olhar ou concentrar a atenção sobre uma coisa, Betrachten, confere ao objeto a qualidade de prenhez. E se está prenhe então algo deve vir dele, ele está vivo, produz, multiplica-se. É o caso de qualquer imaginação; concentramo-nos nela e constatamos uma grande dificuldade em manter a coisa tranqüila, ela agita-se, escorrega; acrescenta-se algo ou aquilo multiplica-se por si mesmo; enchemo-la com poder divino e ela fica prenhe." (V. S. II, p. 260)

O mesmo acontece com o sujeito. Também ele pode ser engravidado pela imagem. Mas as forças que o animam então poderão seguir seu próprio curso e guardar para si sua fecundidade.

Betrachten é também pôr-se a distância. *Betrachtung* corresponde ao grego *Theôria* que significa ao mesmo tempo contemplação e a idéia que dela resulta. É a ciência enquanto objetivação que modifica o sujeito.

Tal atitude raramente existe no começo de uma análise. Durante muito tempo, é o analista que deve exercer a *Betrachten* e assim permitir, progressivamente, uma transformação do campo de consciência do analisando. A sessão recorta no tempo trivial uma seqüência privilegiada onde tudo pode ser dito e considerado.

Sich auseinandersetzen (confrontar-se com)

O fato de tomar distância e considerar sem *a priori* o que acontece, desde os acontecimentos às paixões passando pelos humores e as idéias, cria uma tensão e um espaço. O sujeito desperta e, em contrapartida, as manifestações do inconsciente tornam-se ao mesmo tempo mais poderosas e mais elementares.

"Uma onda incessante de fantasmas foi desencadeada por esta atividade; fiz todo o possível para não desnortear-me e descobrir o caminho a seguir. Encontrava-me mergulhado sem nenhuma ajuda em um mundo totalmente estranho, e tudo me parecia difícil e incompreensível. Vivia continuamente em uma tensão extrema e tinha muitas vezes a impressão que gigantescos blocos precipitavam-se sobre mim... "resistir" a esta prova foi questão de força bruta. Mais de um sucumbiu... Mas havia em mim uma força vital elementar, quase demoníaca e desde o começo era-me claro que encontraria nesses fantasmas o sentido do que estava vivendo." (47, pp. 205-206)

A exigência de um sentido não é somente intelectual. Se Jung tenta compreender os fantasmas que o invadem, é para avaliar seu impacto em sua vida. Em um tal confronto, o consciente coloca-se como sujeito e reconhece o inconsciente como "outro", isto é, como uma força autônoma que se exerce sobre ele e com a qual precisa entender-se.

"Esforcei-me ao máximo para compreender cada imagem, cada conteúdo, ordená-lo racionalmente — dentro do possível — e sobretudo realizá-los na vida. Pois é isso que se negligencia na maioria das vezes. A rigor deixamos aflorarem e emergirem as imagens, talvez nos extasiamos com elas, mas na maioria das vezes ficamos por aí. Não nos damos ao trabalho de compreendê-los e ainda menos de chegar às conseqüências éticas que comportam. Deste modo solicitamos as eficácias negativas do inconsciente.

Mesmo aquele que adquire uma certa compreensão das imagens do inconsciente, mas crê que é suficiente e contenta-se com esse conhecimento é vítima de um erro perigoso. Porque aquele que não sente nos seus conhecimentos a responsabilidade ética que ela comporta, sucumbe rapidamente ao princípio de poder." (47, p. 224)

A ética de que se trata aqui não remete a um código moral ou a valores estabelecidos. Essas referências são ultrapassadas pela decisão de deixar acontecer o que vem do inconsciente. Por outro lado, o sujeito é posto em causa. Pode escolher ignorar isto ou deixar-se possuir. Pode preferir uma existência fragmentária ao esforço do confronto. De todos os modos nenhuma atitude é indiferente. Nada pode apagar o fato acontecido e talvez se tivesse organizado um sentido, se o sujeito tivesse assumido suas premissas.

Estes três verbos definem juntos a atividade do consciente. São a condição de experiência a partir da qual Jung desenvolveu sua psicologia analítica e à qual é preciso então voltar para compreender o que ele escreve dela.

Um ano antes de morrer anotava a esse respeito:

"Todos os meus trabalhos, tudo o que criei no plano do espírito vem das imaginações e dos sonhos iniciais. Isso começou em 1912, há quase 50 anos... Os anos durante os quais eu estava à escuta das imagens interiores foram a época mais importante da minha vida, durante a qual todas as coisas essenciais se decidiram." (47, pp. 224-232)

Para nos darmos conta do que aconteceu durante este período, devemos considerar três textos: o ensaio sobre *A Função Transcendente* (G. W. vol. 8) redigido em 1916 e publicado somente em 1957, o *Comentário sobre o Mistério da Flor de Ouro*, de 1929 (51) e o capítulo VI de *Minha Vida* retomado de um seminário de 1925 e ditado entre 1957 e 1959 (47).

II

Sonhos e Imaginação Ativa

"Pelo menos a metade de nossa vida psíquica tem nosso ser noturno por teatro; e do mesmo modo que a consciência estende suas ramificações até às nossas noites, o inconsciente também emerge em nossa vida diurna. Ninguém duvida da importância da vida consciente e de suas experiências, por que então duvidar do significado dos desenvolvimentos inconscientes? Eles são também nossa vida; neles ela palpita tanto se não mais do que em nossa existência diurna; e às vezes são mais perigosos, ou mais salutares, que esta." (13, p. 229)

"Podemos no estado de vigília, dar a palavra ao inconsciente, especialmente pelas associações livres e pela imaginação ativa, mas 'as exteriorizações específicas do inconsciente que surgem no consciente, são os sonhos'." (13, p. 293)

A. — SONHOS

Jung descreve como, depois da ruptura com Freud, retoma desde o começo a análise dos sonhos e dos fantasmas.

"Principalmente eu queria adquirir uma nova atitude em relação aos meus pacientes. Decidi primeiro esperar sem preconceito por aquilo que contariam espontaneamente. De certo modo fiquei à escuta do trazido pelo acaso. Logo ficou claro que eles contavam espontaneamente seus sonhos e imaginações, e eu fazia simplesmente algumas perguntas como: o que é que isso lhe evoca? ou como o senhor vê isso, como o compreende? de onde vem isso? Das respostas e das associações que os doentes forneciam, as interpretações decorriam por si mesmas. Deixei de lado tudo o que tivesse uma perspectiva teórica e ajudava-os simplesmente a compreenderem suas imagens." (47, p. 198)

Mais tarde utilizará na interpretação seus conhecimentos dos processos psíquicos, mas insistirá sempre sobre o fato que o inconsciente permanece "inconsciente" e que é preciso abordar cada sonho de maneira a aprender algo com ele, e não para encontrar uma confirmação do que já se sabe.

"Logo que notamos 'certas monotonias', é que a interpretação tornou-se doutrinal e portanto estéril." (47, p. 355)

A linguagem das imagens

Em 1907, na *Psicologia da Demência Precoce* (G. W. 3) Jung apóia-se em sua experiência clínica para criticar a idéia que a origem dos sonhos seja necessariamente devida a uma censura. Entretanto guarda ainda uma posição próxima à de Freud. Escreve por exemplo na primeira versão das *Metamorfoses* em 1911: "os sonhos são simbólicos, para que não os compreendamos; para que o desejo, fonte do sonho, fique incompreendido". (7, p. 127)

A partir de 1913, rejeita esta suspeita por preconceituosa e passa a considerar e tratar os sonhos como sendo "fenômenos naturais". É a hipótese mais econômica e provavelmente a mais fecunda.

"Para mim, os sonhos são natureza, que não contém a menor intenção enganosa e diz o que tem a dizer da melhor maneira possível — como uma planta que cresce ou um animal que busca alimento." (47, p. 189)

Isto não significa que Jung veja nos sonhos uma expressão direta ou pura do inconsciente, nem que ignore ou rejeite o "trabalho do sonho". Não devemos esquecer que é a leitura entusiasta do *Traumdeutung*, que o leva a Freud. Reconhece portanto os jogos de deslocamento, condensação e figuração. Mas não vê neles necessariamente o efeito de uma censura. Crê que estes processos pertencem à polissemia da imagem. Analisa longamente esta polissemia em *Psicologia do Inconsciente* (capítulos VI e VII) ao interpretar um sonho onde aparece um lagostim. Este animal parece-lhe ser a melhor representação possível do *locus* inconsciente entre vários dados aparentemente sem relação entre si: os abraços que a sonhadora desfrutou nos braços de sua mãe e que agora a ligam a uma amiga — o câncer que lhe parece castigar a sensualidade de uma mulher que ela conhece — o medo que lhe inspira um artista de quem essa mulher foi amante — uma certa angústia enfim que transferiu-se de sua amiga para seu analista.

A imagem do lagostim não esconde nada, pelo contrário; revela de maneira precisa o fator inconsciente ativo nas diferentes vivências que acabamos de relatar. Para compreendê-lo basta reconhecer que o lagostim do sonho pertence a um vocabulário diferente do vocabulário conceptual.

"O sonho comunica-nos em um vocabulário simbólico, isto é, através de representações de imagens e de representações sensoriais, idéias, juízos, conceitos, direcionamentos, tendências... que reprimidos ou ignorados eram inconscientes." (13, p. 231)

Jung retoma a idéia de Nietzsche de que "o pensamento onírico é uma forma filogenética anterior de nosso pensamento". (13, p. 230) O pensar abstrato seria um resultado relativamente recente de uma evolução dos "produtos" psíquicos. A linguagem imagética do sonho estaria mais próxima do ser noturno.

Esta linguagem tem seu rigor próprio. Se a imagem adquire o sentido da possibilidade de atar vários significados, em um contexto dado e segundo uma intenção precisa, só a compreendemos bem se descobrimos este nó. Os comentaristas de imagens são muitas vezes tentados a brincar com a polissemia e a escorregar de um significado para outro. A interpretação de um sonho exige, ao contrário, juntar as associações sem omitir nenhuma a fim de apreender a singularidade do sentido na singularidade da figura. É um trabalho de precisão, trabalho da diferença.

A linguagem da ação

Os sonhos têm geralmente a forma de uma ação. Os atores relacionam-se uns com os outros como os participantes de uma cena da vida diurna, e o que acontece entre eles tem sentido. Para revelá-lo, Jung propõe interpretar o sonho como se fosse um drama: depois que as primeiras imagens põem em cena os dinamismos inconscientes que vão atuar, a ação organiza-se e desenvolve-se em peripécias sucessivas até alcançar o momento decisivo, que será a virada do sonho e de onde vai decorrer a situação final ou *lysis*. Esta análise permite detectar as mutações dos elementos e estabelecer assim uma relação entre os que aparecem e os que desaparecem. Por outro lado, ela é fiel à idéia associacionista segundo a qual a sucessão significa a conseqüência. Tomemos por exemplo o sonho do lagostim: (19, cap. VI e VII)

> "A sonhadora quer atravessar um riacho largo, quer ir para o outro lado — mas não há ponte, não há meio para passar por cima da água — há entretanto um vau, será preciso molhar os pés — quando a sonhadora vai atravessar, um lagostim escondido no fundo da água morde-a e não a larga mais."

As associações ligam o passar o riacho com uma mudança de vida que a sonhadora pressente como necessária. Sabemos pelo sonho que não há ponte mas somente um vau, o que lembra a via da análise; a sonhadora aceita aventurar-se por ela. Ora, eis que aparece um obstáculo inesperado, o lagostim que morde o pé. A sonhadora poderá continuar? O lagostim soltará a presa se tomarmos consciência do que ele representa? O sonho desemboca numa situação inesperada cuja motivação é quase totalmente inconsciente.

O decorrer do sonho trouxe informações de que não dispunhámos. Com efeito, podíamos conhecer o caráter neurotizante das relações da sonhadora com a mãe e com a amiga, e descobrir, seguindo as associações, o fator de angústia representado pelo lagostim, mas só a seqüência do sonho é que revela exatamente a situação inconsciente atual. Como saber sem ela que qualquer tentativa de passar 'para o "outro lado", apesar de muito desejável, levaria no momento a um conflito perigoso e sem saída?

A informação contém uma avaliação: tentar a travessia analítica leva a sucumbir ao lagostim escondido. Jung tenta então saber qual é o núcleo inconsciente que toma a forma desse animal e conclui:

> "Partindo do modo em que o sonho se apresenta não resta outra possibilidade à sonhadora senão retirar prudentemente o pé, pois continuar poderia ser fatal. Ela não pode abandonar sua situação neurótica, pois o sonho não lhe dá, até este momento, nenhuma espécie de indicação positiva sobre uma ajuda que pudesse vir do inconsciente. Os poderes inconscientes ainda não estão dispostos a perdoar, e esperam obviamente um trabalho suplementar, um esforço maior, uma reflexão mais profunda por parte da sonhadora, antes de que ela possa realmente ousar a travessia." (19, p. 190)

É como se os elementos que compõem o sonho, se relacionassem, se sucedessem e se transformassem, conforme o movimento dos dinamismos inconscientes que representam, no momento em que se produz o sonho. A ação onírica seria a encenação destes dinamismos. Ela permitiria então conhecer sua natureza e interação no tempo do sonho.

A comparação dos sonhos com os delírios e com o discurso no divã, mostra que as leis de encadeamento não são as mesmas, e que portanto devem ser interpretadas diferentemente, levando em conta o estado do consciente em cada uma destas situações.

Conteúdo manifesto — conteúdo latente

A ação que se desenvolve em um sonho e que constitui o conteúdo manifesto, é um fator essencial do sentido. Jung critica vigorosamente o método de interpretação que não o leve em conta e que depois de ter fragmentado o sonho em seus elementos, contentar-se-ia em utilizá-los como pontos de partida para as associações.

"Se, partindo de um ponto qualquer, estabelecemos uma cadeia de associações, chegaremos infalivelmente a um complexo, sem precisarmos de um sonho para tanto.

— Fizemos essa experiência usando como trama para as associações, os temas mais banais, por exemplo um aviso municipal e até uma inscrição em russo... A preocupação principal de Freud era chegar aos complexos; usou para isso os sonhos, como nós usamos o aviso municipal, sem no fundo perguntar-se o que os sonhos em si significavam." (13, p. 321)

Seria contrário à hipótese mesma do inconsciente negar a existência de um conteúdo latente, mas o conteúdo manifesto deve ser considerado por aquilo que ele traz, isto é, uma realização significativa do conteúdo latente. O trabalho de interpretação consiste em deixar andar as associações até descobrir os fatores latentes e depois trazê-los de volta às formas e papéis que assumiram no conteúdo manifesto.

Plano objeto — plano sujeito

Os fatores latentes podem ser exógenos ou endógenos. O sonho reflete a vida do sonhador nas suas relações com o objeto assim como na sua dinâmica interna. Mostra como o psiquismo recebe e assimila o que vem de fora. Representa os progressos e as regressões, as possibilidades e as impossibilidades do metabolismo psíquico. Põe também em cena os dinamismos inconscientes, suas tomadas de poder, seus conflitos e transformações.

"Foi por isso que estabeleci a seguinte terminologia: chamo interpretação no plano do objeto, toda interpretação em que as expressões do sonho são consideradas idênticas a objetos reais. Do lado oposto está aquela interpretação que relaciona cada elemento do sonho com a psicologia do sonhador. Este segundo processo chamar-se-á interpretação no plano do sujeito." (19, p. 159)

"O sonho é o teatro em que o sonhador é simultaneamente a cena, o ator, o ponto, o diretor, o autor e o crítico. Esta verdade tão simples é a base deste conceito do significado onírico que designei sob o termo de interpretação no plano do sujeito." (13, p. 259)

Jung insiste neste ponto. Retomando as figuras e as ações do sonho como sendo elementos próprios à subjetividade do sonhador, ajudamo-lo a conhecer-se a si mesmo na percepção que tinha do objeto e a tomar consciência assim das imagos que constituem seu psiquismo e que até então ele confundia com o mundo.

A interpretação nos dois planos faz justiça à complexidade do sonho, estende suas dimensões, e faz aparecer as eventuais contradições. Ela permite perguntar claramente: o que está em causa é a situação objetiva ou é a atitude subjetiva com que a abordamos?

Pode acontecer que os conflitos mudem de sentido segundo o ponto de vista adotado e que a mudança de perspectiva ponha novamente em movimento uma situação bloqueada.

Em relação com a vida diurna

"O sonho descreve a situação íntima do sonhador, situação que o consciente quer ignorar ou cuja verdade só aceita a contragosto. O sonho, exteriorização de um processo psíquico inconsciente, involuntário, não submetido à influência consciente, representa a verdade, a realidade interior tal como é; não como eu a imagino ou desejo, mas tal como é." (13, p. 286)

Entretanto, isto não significa que o sonho "diz a verdade", no sentido que teria para o consciente. Pode muito bem até ser uma ilusão, pois os fatores inconscientes que manifestam-se no sonho intervêm em função da situação consciente. Estão numa dialética com ela e não no absoluto de uma representação deles mesmos.

"O inconsciente é o que de um momento para o outro não é consciente; por isso não é de espantar que o sonho acrescente à situação psíquica consciente do presente, todos os aspectos que seriam essenciais a uma atitude radicalmente diferente." (13, p. 226)

Para definir esta relação entre o sonho e o consciente diurno, Jung propõe o termo "compensação", de que trataremos no próximo capítulo.

"Digo que os sonhos são 'compensatórios', porque contêm percepções, sentimentos e pensamentos cuja falta deixa um vazio no consciente; este é preenchido pelo medo em vez de pela inteligência." (42, p. 68)

Os dinamismos inconscientes só serão sonho "em correlação com o estado momentâneo da consciência". (13, p. 231) É preciso pois referir-se a ela para compreender o sonho.

"Somente o conhecimento da situação consciente permite definir o signo sob o qual é preciso pôr os conteúdos inconscientes." (13, p. 303)

Resumindo, Jung formula assim a natureza do sonho:

"O sonho introduz na consciência, graças a um conjunto simbólico, os materiais constelados no inconsciente pelos dados da situação consciente." (13, p. 238)

Sonho e desejo

Jung discutiu muito a teoria de Freud que vê no sonho a realização de desejos arcaicos. Aporta-lhe três tipos de considerações.

I — O sonho, como acabamos de ver, insere-se no presente do sonhador e tem um papel.

> "Em oposição à opinião freudiana bem conhecida, segundo a qual o sonho em sua essência não é mais que a realização de um desejo, pretendo, com meu amigo e colaborador A. Maeder, que o sonho é uma auto-representação espontânea e simbólica da situação atual do inconsciente." (13, p. 254)

> "Apesar que segundo Freud, os sonhos seriam a realização de desejos, as minhas experiências levam-me a pensar que desempenham na realidade uma função de compensação (*'kompensatorische Funktion'*)." (42 p. 66)

II — Da maneira como Jung a compreende, esta função de compensação tende a arrancar o psíquico da repetição. Veremos num próximo capítulo como ela põe em jogo dinamismos que corrigem a situação existente. Sob este aspecto, o sonho tem um valor "poético". Algumas imagens que aparecem têm a força de um símbolo. Outras referem-se ao futuro do sonhador.

III — O sonho tem a mesma amplitude que a vida psíquica. Não podemos limitá-lo a um único aspecto.

> "Um sonho, como qualquer elemento da estrutura psíquica é resultante da psique total. É por isso que é possível encontrar nos sonhos, tudo o que teve importância na vida da humanidade. Assim como a vida humana não se limita a este ou àquele instinto fundamental, mas constrói-se a partir de uma multiplicidade de instintos, necessidades, desejos e de condicionamentos físicos e psíquicos... assim também os sonhos não podem ser explicados por este ou aquele elemento, tão enganosamente simples, para que possa adequar-se a tal explicação. Podemos estar certos de que é incorreta, porque nenhuma teoria simples do instinto conseguiu jamais abranger a psique humana, esta poderosa e misteriosa realidade, e nem por conseguinte seu representante, o sonho. Para fazer-lhe justiça precisamos de um equipamento interpretativo laboriosamente adaptado, a partir de todos os ramos da ciência do homem." (G. W., 7)

Na realidade a discussão muda segundo o conceito de desejo. A noção apresentada por Freud no capítulo VII da *Interpretação dos Sonhos* tem uma importância evidente. Ele engloba os meca? nismos psíquicos que Jung também reconhece, quando fala de animus e de anima; mas é estreito demais para explicar o conjunto dos fenômenos oníricos. Inversamente, o conceito atual que tende a definir a libido pelo desejo, é uma base ampla demais para uma teoria

31

do sonho. Em ambos os casos, falta à psicanálise um instrumento adaptado à especificidade do sonho.

Amplificação

Ao mesmo tempo que se esforça em ligar os acontecimentos do sonho aos detalhes da vida do sonhador, a interpretação também recorreu sempre às semelhanças. Todos, desde os mais antigos onirocritas até os psicanalistas contemporâneos, utilizam este método, chamado amplificação, tomando os ingredientes da cultura de que dispõem.

Jung o faz muito, mas tratando de pôr em evidência as razões, as condições e as dificuldades de sua prática. Coloca-se assim na junção de duas perspectivas opostas.

> "Os símbolos do sonho são de natureza essencialmente individual."
> (13, p. 326)

> "Como cada malha da rede psíquica, o sonho apresenta-se como resultante da psique total. Por iso devemos estar preparados para encontrar no sonho múltiplos fatores que desde os tempos mais remotos, desempenharam um papel na vida da humanidade."
> (13, p. 275)

Ao contrário do que poderia pensar-se ao ler certas obras onde toda a cultura do mundo parece abater-se sobre uma palavra ou sobre uma imagem, a amplificação é uma técnica precisa. Não procura um efeito cultural mas sim terapêutico. Não busca fornecer significados mas tornar o sonhador sensível ao que se passa nele.

Não se trata de fazer ligações aleatórias, seguindo deslizes analógicos, mas de encontrar o mito, o conto, o fragmento filosófico, o enunciado tradicional assim como a escultura, a pintura ou peça musical que encontre um assentimento emocional e comece a abrir o consciente à dinâmica que se manifestava no sonho.

Este método é às vezes mal compreendido e mal utilizado. Sob o título de amplificação, algumas pessoas tendem a propor idéias gerais no lugar de uma tomada de consciência pouco atrativa, ou filosofia e antropologia em vez da análise. O analista pode pensar que já compreendeu e não levar as associações mais longe porque acredita ter encontrado um esquema conhecido. A amplificação corre também o risco de trazer uma gratificação considerável ao analisando que vê suas produções relacionadas a deuses, heróis e demônios. Neste caso ocultaria a percepção da falta e levaria à inflação. A análise giraria então em um imaginário onde o analisando pode beneficiar-se de um alívio temporário mas onde é finalmente privado de si mesmo.

Por outro lado, são muitas as indicações positivas. Primeiro a amplificação tem hoje o papel que antes tinha o mito em certas fases da formação do psiquismo.

Cada vez mais pessoas pedem à análise que lhes "faça um inconsciente". Seria vão e destruidor confrontá-los com a falta ou fazê-los suportar questionamentos, quando seus psiquismos não têm ainda a organização necessária. A amplificação ajuda os casos-limites a descobrirem que seu mundo interior, que lhes parece tantas vezes fantástico e perigoso, corresponde a uma ordem vivida por outros e que apresenta por isso um valor objetivo. Podem reconhecer-se no grande movimento da condição humana quando antes sentiam-se ameaçados de separação. No outro extremo a amplificação ativa o inconsciente dos neuróticos fechados nas defesas racionais. Ela é uma mistura, uma *Verschmelzung*, e é precisamente disso que necessitam. Uma das raras oportunidades de evitar-lhes a intelectualização da análise é torná-los sensíveis ao valor poético e arcaico das imagens.

O homem moderno perdeu o contato com suas imagens naturais. Muitas vezes, não as toma mais a sério. É uma deterioração grave que o paciente traz, sem saber, para a análise. O analista tem então o encargo de devolver-lhe essa dimensão. Os analistas de crianças sabem até que ponto os desenhos ou os contos ajudam uma função simbólica perturbada, a retomar sentido.

Enfim, Jung insiste sobre o perigo de considerar os fenômenos psíquicos como unicamente na medida individual. Uma parte do psiquismo tem outras dimensões e sobretudo outro poder de impacto. É necessário tomar consciência disso e já que esta dimensão tem mais a ver com a história da condição humana do que com os acontecimentos que marcaram o indivíduo, é através das comparações com representações coletivas que podemos localizá-la e, em certa medida, compreendê-la.

> "Não se trata simplesmente de novos dados da consciência, de refinamentos mais profundos do conhecimento; deparamo-nos com sistemas psíquicos que ultrapassam o sujeito, em grande medida autônomos e submetidos ao controle do consciente de modo muito condicional, ou até escapando provavelmente quase completamente a esse controle.
> Enquanto este inconsciente coletivo não se distingue da psique individual, enquanto fica por assim dizer entrelaçado com ela, nenhum progresso pode produzir-se." (19, pp. 182-183)

Etiologia e finalidade

Em resumo, alguns textos permitem caracterizar a abordagem junguiana do sonho:

"Os sonhos não são fenômenos patológicos e sim fenômenos normais." (42, pp. 72-73)

"Além de qualquer eventual efeito terapêutico, (o sonho) esclarece a etiologia psíquica e revela sua estrutura." (13, p. 283)
"Na minha opinião, o sonho é um dado de diagnóstico valioso." (13, p. 286)

Mas não basta compreender o sonho em sua relação com o passado:

"Abordar um sonho preocupando-se unicamente com o fator etiológico é prejudicar gravemente seu trabalho de elaboração e fechar-se ao que ele tem de mais produtivo." (13, p. 288)

A atividade geral do espírito e da produtividade da psique são provavelmente fruto tanto do consciente como do inconsciente. Se esta opinião é correta... o consciente não seria o único a ter o privilégio da orientação ativa em direção a um objetivo e uma intenção; em certas circunstâncias o inconsciente também seria capaz de assumir uma orientação *finalista.*" (13, p. 241)

O sonho tem uma função diagnóstica e uma função prospectiva. Fornece informações úteis à avaliação do presente e traz às vezes uma imagem que ilumina o desconhecido.

"Os sonhos são as manifestações não falsificadas (*unverfälschten*) da atividade criativa inconsciente." (42, p. 66)

B. — A IMAGINAÇÃO ATIVA

É possível dar a palavra ao inconsciente durante o dia, isto é, levá-lo a tomar forma e a tornar-se de certo modo parceiro do consciente acordado? É a isso que tende a imaginação ativa.

Evidentemente não se trata de um encontro direto com o inconsciente tal e qual ele é. As imagens diurnas são muito mais deformadas que os sonhos. Mais especificamente, os eventos que acontecem nos sonhos têm um caráter de autonomia e de autenticidade que raramente se encontra nas imaginações diurnas mesmo em estado de relaxação profunda. Os mecanismos de censura e de defesa que são a base do consciente diurno, misturam, desviam, ocultam a expressão dos dinamismos inconscientes. Por outro lado o ego é mais diretamente envolvido. As imagens do dia podem aproximar-se muito da elaboração narcísica. Solicitam, muito mais do que o sonho, o reconhecimento e a integração a não ser que sejam como um devaneio que arrasta o ego e tende a dissolver a consciência de si. É por isso que Jung distingue a imaginação ativa da imaginação passiva.

A imaginação é ativa quando aparece e se desenvolve em um campo ativo, isto é, em uma tensão atual entre objeto e sujeito. A cena apresenta-se a distância do sujeito. Solicita sua reação como o faria um acontecimento e ao mesmo tempo anima-o inconscientemente.

Jung começou a praticar esta forma de relação com o inconsciente em 1912. Escreveu sobre ela pela primeira vez em 1916 no ensaio sobre "A Função Transcendente" mas só lhe deu o nome de imaginação ativa em 1935. Alude a ela praticamente em toda a sua obra, pois foi durante sua vida tão importante quanto a interpretação dos sonhos.

Descrição

Quando nos sentimos tomados por uma emoção, um afeto, um pensamento obsedante, uma compulsão ou uma inibição, reagimos na maioria das vezes com uma interpretação: trata-se deste ou daquele condicionamento. Sabemos que trata-se de uma racionalização em que o *self* abandona-se à dominação inconsciente que propõe a razão. Que mais se pode fazer? Deixar aflorar o afeto, chorá-lo, gritá-lo, ou dar livre curso à pulsão na medida em que as circunstâncias o permitam. Em ambos os casos, a tensão é descarregada mas na maioria das vezes integra-se muito pouco. Será então preciso recomeçar.

Entre a racionalização e a aberração ou o passar ao ato, existe a possibilidade de trazer ou o afeto ou a pulsão a se representarem. Isso significa visualizar, escrever, talvez pintar, dançar, modelar mas de tal maneira que o ego possa reagir como sujeito sem passar por interpretações ou qualquer outro código. Pode acontecer então que a cena se desenvolva e dure. O agente inconsciente transformado em paisagem, animal ou voz age, exprime-se, modifica-se. O sujeito decide, interroga, responde.

O afeto que se apodera de alguém é sua tarefa vital do momento. Não é suficiente que uma imagem apareça. A imaginação ativa não se reduz nem a uma emergência nem a uma catarse. Na realidade favorece um encontro. As figuras tomam, dentro do possível, sua autonomia. Um homem, uma mulher ou um animal que aparecem em sonhos, evocados e freqüentados em imaginação, transformam-se durante um tempo em interlocutores conhecidos. Jung consagrava tempo regularmente a tais intercâmbios, interessava-se muito em redigi-los a seguir, até em pintar certas cenas a fim de manter uma objetivação.

Tratar a imagem como uma realidade

O trabalho com imagens é muitas vezes considerado como sendo um exercício capaz de liberar energias ou fornecer informações. Mas a imagem em si, não é levada a sério. Achamos que é um engodo ou simplesmente uma figuração. Parece tão fácil fazer um truque, fingir que a casa não ardeu ou que é possível voar por cima de um precipício. Esta maneira de usar a imagem sem respeitar sua realidade, trai a necessidade de proteger-se contra ela e corre-se o perigo de lidar com uma energia sem recusar-se nem entregar-se. O resultado é uma dissociação surda que atinge a relação com o desconhecido.

Engajar-se sem código

A imaginação acontece como uma *just so story* ("acontece sem mais") e pede ao sujeito que esteja ali, inteiramente presente. Os efeitos do encontro com os dinamismos em questão, mostram que ele é real mesmo acontecendo através das refrações da imagem.

Aqueles que são dominados pelo mental começam na maioria das vezes vendo ou ouvindo-se falar. A imaginação fica evidentemente afetada. Mas de todos os modos cada um está aí com sua história e não há outra norma.

A imaginação ativa é mais indicada para quando a análise está para terminar. Permite continuar uma relação viva com o inconsciente, sem a presença do analista. Pode também ser, para um adulto que se sente em desacordo com a vida que o espera, o meio de dar a palavra ao seu mundo interior, em um tom que o ajude a organizar-se. Finalmente, aqueles que vivem de empatia, como os psicoterapeutas, e que estão submetidos a um alto risco de contaminação afetiva, podem encontrar nela uma boa higiene psíquica.

Alguns críticos acusam a imaginação ativa de ser uma forma de histerização e de favorizar a fuga para o imaginário. Isso pode ser verdade se ficar numa imaginação mais ou menos passiva. Não o é quando o sujeito explica-se com a imagem em função de sua vida concreta. Nestas condições, a prática da imagem sai do imaginário.

III

Dinâmica da Compensação

A psicanálise é fruto de um pensar sobre encadeamentos de sinais. É assim que em seus primeiros trabalhos, Jung estuda as associações verbais e conclui a existência de complexos inconscientes (*Psicologia da Demência Precoce*, 1907).

Produz-se uma revolução quando separa-se de Freud e encontra-se só. Os afetos, as impulsões e fantasias convergem agora sobre ele. Não está mais na posição de um observador externo; não tem mais, para olhar o que lhe acontece, o ponto de vista distanciado da projeção paterna. Está às voltas com uma atividade psíquica que não comanda e que controla pouco. Ao correr o risco desta situação, envereda por uma epistemologia diferente daquela que havia sido implicitamente sua até então.

Não é mais o pensamento que se ocupa da observação, mas sim o sujeito. Ainda está alienado, dominado, identificado, mas é intimado de uma vez.

Nestas condições, o inconsciente é primeiro uma ação que vem do outro lado (*gegenwirkung*), tanto enquanto parceiro como enquanto inimigo. A abordagem que podemos fazer, isto é, a análise, é um confronto que opera uma diferenciação (*auseinandersetzung*). Ela tem ação terapêutica na medida em que modifica tanto os dinamismos inconscientes quanto o sujeito.

O pensamento não é uma reflexão sobre o fenômeno, mas integra-se ao confronto. Busca compreender as modalidades e o sentido das intervenções do inconsciente, muito mais do que imaginar os mecanismos que as regem. É por isso que Jung não define o inconsciente e nem constrói um modelo do aparelho psíquico. Dedica-se a detectar processos.

A compensação

Na sua explicação com os fatores inconscientes, o sujeito apóia-se nos sonhos e na imaginação ativa nos quais estes fatores aparecem sob forma de projeção, relativamente isolados dos comportamentos aos quais se misturam usualmente.

Dadas as condições fisiológicas em que se produzem, os sonhos constituem um contraponto dinâmico e contínuo da vida diurna. Põem à vista o que estava velado. Fazem viver outras emoções. Parece que a olham e avaliam de outra maneira, diferente da reflexão consciente.

> "É preciso situar a mensagem do sonho no contexto desta vida de relações, no âmbito das relações conscientes e vividas, porque é sobre ela que o sonho tem algo a nos dizer; são elas que o sonho compensa, e não só uma inflexão individual interna."
> (44, p. 143)

> "A regra básica, a hipótese de trabalho que utilizamos para a interpretação dos sonhos, é que as imagens dos sonhos e as fantasias espontâneas são símbolos, isto é, a melhor formulação para fatos ainda desconhecidos ou inconscientes que geralmente compensam o conteúdo do consciente ou a atitude consciente."
> (G. W. 14/2, § 427)

O trabalho com sonhos inspira a Jung esta primeira afirmação sobre o inconsciente: "ele compensa geralmente o conteúdo do consciente ou a atitude consciente".

Em francês, o termo "compensação" tem uma conotação de falta. Trata-se de dar a alguém de uma maneira aquilo que não teve de outra. Em alemão o sentido é diferente. Fala-se de compensação para designar o mecanismo de regulação de um relógio de parede. A compensação não tem por objetivo corrigir uma falta mas sim um funcionamento. É assim que Jung emprega a palavra. Afastou explicitamente a idéia de complementariedade que também teria sugerido uma idéia de falta.

A dinâmica da mudança tem a ver com a intervenção compensatória do inconsciente. Observamos com efeito que os sonhos atualizam na maioria das vezes os elementos do psiquismo, opostos àqueles que dominam o consciente; e, quando se trata destes últimos (elementos), apresentam-nos de uma maneira que obriga a vê-los diferentemente. O efeito é duplo. Os sonhos denunciam as ilusões e voltam a pôr em questão as evidências. Por outro lado, ao longo de uma análise, o psiquismo tende a separar-se e a retomar seu desenvolvimento na medida em que cada situação patológica ou deficiente comporta uma contrapartida positiva que permaneceu inconsciente. Esta atualiza-se progressivamente, em resposta à atenção consciente.

Assim a compensação não busca um equilíbrio onde se anulariam as tensões, mas um funcionamento mais amplo dos dinamismos inconscientes. A tarefa do analista é assegurar-lhe a livre expressão e ouvi-la, muito mais do que impor suas próprias razões.

"Eu sempre tinha cuidado... em levar a interpretação da imagem a uma pergunta cuja resposta ficava por conta da livre atividade imaginativa do paciente." (49, p. 524)

Fica claro então que os sonhos, e em vários graus, as outras representações do inconsciente, são função daquilo que o sonhador tem necessidade de ouvir e de experimentar. Esta necessidade não se reduz à atualização no sonho dos fatores inconscientes reprimidos, mas está relacionada à dinâmica global do psiquismo; enfim, os sonhos expressam o tempo, a orientação e as possibilidades do desenvolvimento.

A interpretação de um fenômeno psíquico deve levar em conta tanto aquilo que ele manifesta como o que tende a promover. É o que Jung chama considerar a finalidade, no sentido de um vetor de crescimento e não de meta.

No caso dos sonhos, esta maneira de compreendê-los tem real fecundidade terapêutica. Propõe também várias questões teóricas relativas à dependência entre consciente e inconsciente, à intencionalidade do psíquico, à existência de um plano interno em função do qual se faria a compensação, e relativas às condições de uma auto-regulação.

Veremos progressivamente como Jung trata estes problemas. No momento, devemos considerar a relação do consciente com os dinamismos autônomos que o afetam.

O conflito

Estes dinamismos provocam conflitos no homem por suas oposições e suas incompatibilidades e também pelas tensões que lhe impõem por confrontá-lo com a falta, a lei e os limites.

"Assim como a vontade choca-se contra a necessidade no mundo externo assim também ela encontra seu limite além do campo da consciência, no mundo interior, onde entra em conflito com dados da ordem do si mesmo." (G. W. 11, § 9)

"Cada indivíduo encontra com certeza o que se atravessa no seu caminho e o 'cruza', a saber, em primeiro lugar aquilo que não gostaria de ser (a sombra), depois aquilo que é, não ele mesmo, mas o outro (realidade individual do 'tu') e em terceiro lugar aquilo que é também o seu não-eu psíquico, o inconsciente coletivo." (52, p. 127)

Com efeito, não podemos escapar a tais oposições mas por quê deveriam transformar-se em conflitos? O desenvolvimento da psicologia mostra que o homem pode compreender de onde vêm suas contradições e, por conseguinte, encontrar a maneira de resolvê-las ou torná-las suportáveis. Muitos métodos de ação psicológica têm a esperança de provocar um alargamento e uma flexibilização do consciente, e permitir assim que um ego fortalecido se adapte sem dramas aos dados da existência. Por quê seria então necessário passar ainda por conflitos? Jung responde a esta pergunta em vários planos.

Primeiro, o conflito de que se trata, isto é, a situação sem saída, em que tanto o Sim como o Não são catastróficos, não é a sina de todos nem de todas as psicoterapias; em muitos casos, certas tomadas de consciência bastam.

Mais profundamente, o conflito nasce da unilateralidade do consciente e nas antinomias internas da psique. Jung mostrou como a história contemporânea por exemplo carrega contradições que repercutem nos indivíduos, cujo consciente, de estrutura monopolar, só dispõe de reações de tudo ou nada, das quais ela não poderá livrar-se sem conflito.

Encontramos uma situação análoga quando partimos para o conhecimento de nós mesmos e constatamos até que ponto a idéia que fazemos de nós e dos outros, é contrária à realidade.

> "Se não deixamos que o inconsciente se expresse de alguma maneira, pela palavra ou a ação, a inquietação, o sofrimento, a atenção, a resistência, etc... então a divisão interna restabelece-se, com todas as conseqüências, muitas vezes incalculáveis que podem vir de desprezar o inconsciente. Se ao contrário lhe cedemos demais, produz-se uma inflação da personalidade, seja positiva, seja negativa. De qualquer maneira que se considere a situação, ela constitui um conflito ao mesmo tempo interno e externo...
> A esta situação muito desconfortável na verdade, todos quiséramos escapar, correndo o risco de descobrir um dia que o que deixamos para trás, éramos nós mesmos." (52, p. 174)

E também o descobrir que:

> "Aquilo que não queremos saber sobre nós mesmos acaba chegando de fora como um destino." (G. W. 9/2, § 126)

O conflito é inevitável porque deriva da diferença estrutural entre o consciente e a psique inconsciente. É resultado de sua aproximação e é sua primeira forma. Por isso a ausência de conflito pode ser sinal de uma dissociação.

> "O conflito gera o fogo dos afetos e das emoções e como todo o fogo, possui dois aspectos, o de queimar e o de produzir luz...
> A emoção é a fonte principal de realização da consciência. Sem emoção não há transformação da obscuridade em luz e da inércia em movimento." (49, p. 115)

Jung acha que o conflito é condição para que haja progresso em conhecimento e liberdade. Considera entretanto a possibilidade de um estado "livre de oposições" em que a relação consciente/inconsciente dar-se-ia numa espécie de regulagem flexível. A ausência de conflitos é uma espécie de ideal mas situa-se além do conflito e não aquém; resulta de uma prática da contradição e não de uma regressão.

Um Terceiro Termo

Inevitável, como acabamos de ver, o conflito tem também um papel decisivo na formação do sujeito.

Existe conflito porque as oposições tropeçam em um princípio de unidade, o ego; senão, as opiniões, os afetos, os comportamentos contraditórios poderiam suceder-se ou justapor-se. Em uma situação sem saída, como um conflito de obrigações em que o Sim e o Não são equivalentes, o ego vive cada uma das duas posições e sua contradição o dilacera.

Poderia tentar escapar recorrendo a considerações razoáveis. Refugiar-se-ia então em idéias coletivas e ficaria sob o domínio de um dos componentes.

Ao suportar o conflito sem resolvê-lo, o ego adquire progressivamente sua autonomia. Permanece a distância dos opostos e começa a aceitar os limites.

Com efeito, ele não pode resolver nada. Tem força suficiente para não ser mais dominado pelos sistemas de motivação, mas não pode fazer mais nada senão agüentar o conflito. Precisa admitir que as cartas estão alhures. Afirma-se e ao mesmo tempo é derrotado. Só lhe resta esperar.

Como é que a situação vai encontrar uma saída? É para Jung a experiência fundadora, a que orientou sua prática de terapeuta e que inspirou seus escritos.

> "A personalidade consciente, sem reparar muito no que lhe acontece, passa a ser mais uma peça de xadrez no tabuleiro de um jogador invisível. E é este, e não mais o consciente e suas intenções, que leva o jogo do qual depende o destino da partida." (44, pp. 102-103)

> "O confronto entre os opostos chega ao limite do suportável quando se leva este confronto a sério ou quando somos levados a sério pelos opostos mesmos. O *tertium non datur* da lógica (não há terceiro termo) confirma-se: somos incapazes de perceber uma terceira solução.
> Entretanto, quando tudo anda bem, esta terceira solução aparece espontaneamente, pela natureza mesma. Ela é então — e somente

então — convincente. É sentida como sendo o que chamamos a 'graça'... representa o resultado da cooperação entre consciente e inconsciente." (47, p. 381)

"A natureza não fica na oposição dos contrários (opostos); serve-se deles para produzir um novo nascimento." (52, p. 176)

Jung denomina terceiro termo o fator inesperado que aparece. Ele é logicamente imprevisível e apresenta-se em um movimento que ultrapassa os termos do conflito.

Este fator inesperado foi para Jung em 1918, o fato de desenhar mandalas, sem no começo saber o que fazia. Viveu com essas imagens uma intuição da totalidade que o tirou do estado de tensão interior e de fragmentação em que se encontrava desde 1912. Descobriu que o crescimento vem do inconsciente e que acontece na relação paradoxal entre um sujeito consciente, o ego, e um sujeito inconsciente a que chamou mais tarde de *self*.

Sob a forma de um símbolo, de uma inclinação de energia, de um novo ponto de vista, a novidade é no fim das contas a relação entre o ego e o *self*; é o sujeito que sai do conflito.

Os dinamismos inconscientes estão numa relação compensatória com o consciente. Quando provocam um conflito, têm também a capacidade, se o ego agüentar as tensões, de propor um símbolo, uma nova orientação, um imprevisível ultrapassar da situação. Manifestam então a existência de um centro inconsciente da personalidade.

O desligar-se do consciente e o vazio

A ação compensatória do inconsciente leva igualmente a retirar progressivamente o sujeito das identificações interiores (crenças, ideologias, imagens de si mesmo...) e exteriores (pessoas, projetos, papéis...) que lhe haviam sido necessárias.

Os sonhos, em particular, chamam a atenção para as confusões do ego, da imagem e do objeto. As projeções, incorporações, introjeções vão se revelando, uma depois da outra, em uma espécie de movimento circular que desocupa um centro do consciente, como se faria com uma roda para que o eixo pudesse girar, segundo a comparação do *Mistério da Flor de Ouro*.

Trata-se de um vazio e, a princípio, de uma espécie de vertigem. Jung emprega a expressão *die Loslösung des Bewusstseins* (51, pp. 61 ss.) para designar este desligamento do consciente em relação ao seu objeto, seja qual for. Isto significa que tudo é progressivamente posto em questão. Perde-se durante um tempo a orientação, os valores a linguagem, os hábitos, os contatos e até o gosto pela vida.

"Conheço muito bem este efeito por experiência própria, é o efeito terapêutico por excelência, pelo qual trabalho com meus alunos e meus pacientes. Consiste na resolução... da indiferenciação entre sujeito e objeto... o inconsciente era até então projetado no objeto e o objeto era introjetado no sujeito, tornando-se parte de sua psicologia."

Resta um último refúgio, o mito da análise. O consciente suporta a ação devastadora de desidentificação, porque apóia-se na convicção de que a análise contém a verdade. Alguns ficam por aí, para sua maior tranqüilidade de espírito. Outros descobrem que também não há verdade definitiva na análise: o inconsciente fala em função do consciente.

O *Mistério da Flor de Ouro* é um tratado de alquimia de inspiração taoísta, que se interessa pela transformação da energia e não a dos minerais, como a alquimia ocidental. Jung encontrou ali uma experiência do questionamento do vazio, que o ajudou a compreender o que ele mesmo havia vivido, sem saber. Tomou depois contato com os textos de alquimia medieval e ali descobriu em projeção, processos que desenvolviam a outra dimensão de sua experiência, a do terceiro termo, de que acabamos de falar. A partir daí, consagrou-se ao estudo destes processos e de seus símbolos. Nunca devemos esquecer que estes só têm realidade para ele, se vêm num ensaio radical, senão permanecem no imaginário. A condição de nascimento do símbolo, é o vazio.

IV

Símbolo e Sentimento

Mandalas

Os sonhos põem em questão e muitas vezes propõem. Aportam à dinâmica analítica os elementos de uma orientação diferente provocando assim a dúvida e o conflito. A atualização de desejos reprimidos, de novos pontos de vista, de dinamismos que ainda não se haviam manifestado, amplia o campo da consciência, atacando as identificações existentes.

Neste contexto, cujas tonalidades podem chegar a um sofrimento intolerável, surge às vezes um acontecimento cuja origem escapa ao sujeito: a emergência de um símbolo. Como já dissemos, Jung teve esta experiência quando começou a pintar mandalas.

As formas que se impuseram a seus lápis e pincéis, vinham acompanhadas de sentido, ainda que ele não soubesse o que queriam dizer. O desmantelamento interior em que vivia desde que havia escolhido deixar a palavra ao inconsciente foi progressivamente sendo substituído por um sentimento de estar inteiro e ligado ao mundo.

A representação como experiência

Um símbolo é, pois, uma experiência.

A língua alemã dispõe de duas palavras para distinguir os dois significados do termo francês *représentation* (representação); *Vorstellung* (a representação-forma) e *Darstellung* (a representação-ação). O símbolo é uma *da(r)stellung*, "algo que se apresenta aqui".

O símbolo emerge " das profundezas ao corpo". (G. W. 9/1, § 291) Surge em função de um estado de conflito ou desorientação. "O nascimento do símbolo para a regressão da libido para o inconsciente. A regressão torna-se progressão, a repressão torna-se fluxo." (18, p. 268)

45

Diremos então que o símbolo está vivo. Impõe-se e mobiliza a energia. Jung escreve sobre as mandalas: "estas estruturas não só expressam uma ordem mas ainda a criam". (G. W. 8, § 870) No caso das mandalas, esta ordem parece consistir no relacionar a personalidade consciente com o sujeito inconsciente. De uma maneira geral a ação do símbolo é a de uma representação que gera um sentido porque faz com que dois termos separados se juntem. O efeito de sentido que acompanha tal experiência, impõe-se e entretanto, escapa à razão.

Relação com o desconhecido

O símbolo caracteriza-se com efeito por uma certa relação com o desconhecido. A vivência psíquica que o acompanha não é o esclarecimento produzido pela relação de fatores já conhecidos mas cujas ligações não eram percebidas. A vivência do símbolo parece-se mais com uma surpresa. O consciente é tomado por um sentido que, repito, impõe-se a ele e faz-lhe pressentir algo que não conhece, um *Etwas* como diz Jung.

> "O símbolo orienta para conteúdos psíquicos que ainda não são conhecidos." (G. W. 14/2, § 393)

> "Algo já conhecido não será nunca símbolo, e só pode ser expresso por alegorias ou sinais." (G. W. 9/2, § 147, nota 75)

> "Entendo por símbolo, a melhor expressão possível para algo que não pode ser conhecido ou que ainda não é conhecível." (43, pp. 179-180)

Então nem todas as imagens são símbolos, longe disso, e os símbolos não são necessariamente imagens. Uma palavra, uma idéia, um gesto podem ter esta carga. "Uma teoria científica é um símbolo na medida em que é a designação antecipada de um fato de natureza ainda desconhecida." (18, p. 492)

Signo e símbolo

Jung acusa Freud de fazer uma leitura semiótica dos fenômenos psíquicos, isto é, interpretá-los sistematicamente, em relação a outros já conhecidos ou que podem ser reencontrados por memorização, associação ou reconstrução. É o caso por exemplo, da interpretação apoiada em uma etiologia sexual. Por mais fecunda que seja, tal leitura é redutiva, na medida em que elimina a dimensão própria do símbolo.

Jung faz também esta mesma crítica a uma interpretação dita simbólica e que muitos crêem "junguiana". Jogando com equivalências, esta leitura não corresponde a nenhuma experiência real e leva a um entrelaçamento imaginário de significações.

> "Interpretar a cruz como símbolo de amor divino é semiótico, porque a expressão 'amor divino' expressa o fato mais exatamente que uma cruz." (18, p. 469)

> "Para qualquer interpretação esotérica, o símbolo está morto, porque ela o traz sempre de volta para uma expressão que ela supõe, muitas vezes erroneamente, mais perfeita, reduzindo-o assim ao papel de signo convencional de relações mais perfeitamente conhecidas." (18, pp. 469-470)

Tornar-se consciente de um símbolo

O sujeito consciente pode então tentar recusar o símbolo, reduzindo-o ao já conhecido.

> "Depende em primeiro lugar, da atitude da consciência que observa, que alguma coisa seja ou não um símbolo." (18, p. 470)

Isto parece contradizer a afirmação fundamental segundo a qual o símbolo está vivo na medida em que se impõe. "Os símbolos que não agem por si sós, estão mortos." (18, p. 471) De fato o símbolo é um fenômeno em evolução. No momento em que emerge, age e organiza um sentido que tem todas as características de uma evidência. O sujeito ou os sujeitos em questão são crentes, nem que seja numa teoria. A partir desta situação, são possíveis duas evoluções. Ou o símbolo se esgota, influi cada vez menos e passa a ser o signo de um passado, ou, aquele que acredita nele, questiona-se e tenta explicar-se com o que reconhece ser um símbolo ativo para ele. Jung é muito claro sobre este assunto: trata-se de elaborar os símbolos e torná-los conscientes.

> "Como tudo o que é inconsciente, o símbolo não significa mais do que uma possibilidade." (G. W. 9/1, § 280)

> "Toda a minha atividade ulterior consistiu em elaborar o que havia brotado do inconsciente durante esses anos e que me havia inundado. Foi a matéria-prima para a obra de minha vida." (47, p. 232)

Este projeto enfrenta entretanto um problema: como sair da inconsciência do crente sem destruir o símbolo que dá vida? Para resolvê-lo, primeiro é preciso remontar ao que Jung considera como sendo a origem do símbolo.

"O que podemos dizer no momento sobre o símbolo da mandala, é que representa um dado psíquico autônomo, caracterizado por uma fenomenologia que se repete sempre e que entretanto permanece idêntica. (Parece mesmo ser uma espécie de átomo central cuja estrutura interna e significado último nos são desconhecidos.)" (48, pp. 241-242)

Para tentar conhecer este fator inconsciente, as formas e condições de aparição do símbolo não são indiferentes. É evidente, por exemplo, que os símbolos maternos não são acompanhados de uma vivência comparável à das mandalas. Para conscientizar um símbolo é então preciso tentar compreender como se estabelece sua fenomenologia e que dinâmica sugere. É esta a meta das pesquisas de Jung através das mitologias.

"A única coisa que a psicologia pode estabelecer é a presença de símbolos plásticos, cuja interpretação não é absolutamente prefixada. Podemos dizer com alguma certeza que estes símbolos têm caráter de uma totalidade e portanto significam provavelmente uma totalidade." (G. W. 9/2, § 194)

Este esforço de compreensão não é um fim em si. Insere-se em um movimento que tende a abrir o consciente a uma experiência. Assim as mandalas fizeram com que Jung reconhecesse a existência de uma dinâmica inconsciente. Buscou compreendê-la pelo desenvolvimento de sua auto-análise, a observação de seus pacientes, comparações com outros e o questionamento das representações coletivas. Formou assim a idéia de si mesmo, e esta, no seu valor como símbolo, lançou uma nova relação com o inconsciente.

"Só é possível interpretar psicologicamente um símbolo, se a imagem se despojou de sua forma de projeção para tornar-se pura experiência psíquica." (G. W. 14/2, § 172)

O Deus de Basiléia

Esta tentativa não corre o risco de deixar de lado o confronto com as origens simplesmente neuróticas da representação?

Quando tinha uns doze anos, Jung viu, numa espécie de fantasia alucinatória, um espetáculo que não pôde confessar a si mesmo durante vários dias, devido à angústia que lhe provocou: Deus defecava, lá do céu, sobre a catedral de Basiléia. (47, pp. 56 a 61)

É possível que Jung, já analista, tenha interpretado esta fantasia em referência a um surperego sádico anal, mas não diz nada sobre isso e chama a atenção sobre o fenômeno em si, sua intensidade e seu impacto. A qualidade da vivência fez desta fantasia uma experiência em que Jung criança sentiu-se em contato com uma dimensão desconhecida. Ligar esta experiência às relações que Jung tinha com o pai é válido certamente e deve ser feito, mas não é suficiente se quisermos levar em conta a intencionalidade do fenômeno. Depois de uma leitura semiótica é preciso engajar-se no reconhecimento do símbolo. A imagem de "Deus que caga sobre sua igreja e a destrói" não é para Jung um semantema, e nem uma realidade metafísica. Por outro lado, a imagem não remete só a um desejo ou a uma angústia individuais. Através de seu superego Jung é posto em contato com uma dinâmica que não é à sua medida.

Durante muito tempo procurou compreender-lhe a natureza e esta busca levou-o a tomar consciência da Sombra e da Conjunção dos Opostos, isto é, de organizações inconscientes ativas em todos os seres humanos. Mas o símbolo não tem só este aspecto intemporal, é também atual e aí também manifesta uma dinâmica que ultrapassa o sujeito. Não se anuncia já a crise da civilização cristã neste "Deus que destrói sua igreja", quando ainda estamos em 1887? Jung descobre que o Deus de Basiléia atua durante toda a história interior do cristianismo e é esta descoberta que leva a uma *Resposta a Jó* (43).

A riqueza clínica dos pontos de referência de que Jung tomou consciência durante esta pesquisa mostram a fecundidade de sua hipótese.

Numinoso

De um modo geral, quando Jung considera uma imagem, uma idéia ou uma palavra como símbolos, fá-lo na sua qualidade emocional, isto é segundo o modo em que mobilizam o sujeito. Para designar esta qualidade e esta aptidão, usa o termo "numinosidade", do latim *numen*.

> "A numinosidade é totalmente alheia à vontade consciente, pois coloca o sujeito em um estado 'tomado' (*Ergriffenheit*)." (49, p. 503)

A numinosidade é um *Intensitätfaktor*. Corresponde à intensidade com a qual uma representação apodera-se do consciente e faz sentido para ele. Ela é portanto sinal de um fenômeno energético. Um símbolo tem capacidade de animar a vida e arrastá-la, porque transforma uma energia psíquica inconsciente em experiência.

Esta observação de Jung parece bastante simples. Levanta, entretanto, um problema difícil: como é que a análise apreende a energia? Como pode articular-se com o fator de intensidade?

A psicanálise supõe uma dialética. Demanda que se possa discernir, ligar, medir, compreender. Ela foi possível porque Freud conseguiu compreender a libido no plano da simbolização do sexual. Com efeito, a energia mobilizada pela sexualidade, movimenta-se, muda de objeto, de qualidade, entra em conflito, diferencia-se; a libido será tratada por intermédio de suas formas. Lacan empreendeu uma operação semelhante, utilizando o plano de simbolização da linguagem e da palavra.

Jung percebe até que ponto esse viés pode distorcer a apreensão dos fenômenos psíquicos e recusa-o. Sabe que o inconsciente fala na intensidade de um fenômeno e permite-se conscientizar-se dele. É possível analisar a numinosidade de uma experiência, em outras palavras é possível "dialetizar" a energia?

Autonomia e possessão

Jung observa que o campo consciente-inconsciente é uma relação de autonomias variáveis. Os fenômenos de ser transportado ou tomado são tipicamente relações energéticas e correspondem às relações dos fatores psíquicos entre si. A teoria dos complexos permite compreender esta vida de interações entre organizações mais ou menos estáveis e mais ou menos autônomas. Sua energia não é uma "força" que lhes pertence, mas sim a qualidade do campo de suas relações. Podemos assim estabelecer a base de uma problemática específica, considerando os dois estados opostos de autonomia e possessão (*Besessenheit*).

Jung analisa o que ele chama de personalidade-mana, em função do ego. (44, pp. 269-300) Mostra como o sujeito identificado com um papel beneficia-se de uma grande energia e de uma surpreendente capacidade de irradiação, e que paga por uma destruição nele mesmo ou naqueles que o cercam. Assim, o crente é alienado pela ideologia, o *slogan*, a moda, a obrigação, a teoria, mas recebe energia delas. Estamos pois diante de uma situação paradoxal: a energia chega ao sujeito pelo inconsciente mas este só se constitui ao tornar-se consciente.

A questão de uma análise sob o ângulo das energias será então: como conservar a energia dos dinamismos inconscientes sem ser sua vítima?

O sentimento, função de avaliação

Jung considera o engano e a ilusão de que um sujeito pode ser vítima, a partir do fenômeno fundamental de ser tomado ou de possessão. Analisa-o, atentando cuidadosamente para a relação energética inconsciente e sua emergência no consciente sob forma de intensidade. Esta aparece como um afeto e torna-se um valor ao refletir-se.

> "É pelo afeto que o sujeito se envolve e começa a sentir o peso da realidade." (G. W. 9/2, § 61)

Não basta então denunciar e interpretar uma ilusão. O afeto que o sustenta e que está profundamente ligado ao corpo, não é indiferente. Se a análise não levar isto em conta, arrisca-se a substituir uma ilusão por outra, ao mesmo tempo cortando o sujeito de suas raízes. As palavras e as imagens tornam-se sistemas de significação nos quais o sujeito já não está implicado, e assim, a afetividade regride.

Para evitar este perigo é preciso atentar para as formas nas quais a afetividade se representa, isto é, aos valores. Jung escreve, por exemplo, a propósito da interpretação dos sonhos:

> "É de capital importância, em vista da assimilação dos conteúdos oníricos, que nenhum valor real da personalidade consciente seja lesado, ou destruído; porque se a personalidade consciente é diminuída, não resta por assim dizer ninguém que esteja em estado de assimilar... É preciso vigiar estritamente para que permaneçam os valores da personalidade consciente, já que a compensação inconsciente só é eficiente em cooperação com uma consciência íntegra." (13, p. 306)

Trata-se então de abandonar o sujeito a valores enganosos, mesmo se bem estabelecidos? Evidentemente que não. Jung quer chamar a atenção sobre a especificidade dos valores e colocar a questão da *Wertschätzung*, isto é, de uma capacidade de tomar consciência, discriminar e integrar os fenômenos psíquicos sob o aspecto de seus valores.

Desde 1907, quando elabora uma teoria dos complexos, insiste na sua carga afetiva assim como sobre as tonalidades e valores libidinais que os acompanham. Continua suas reflexões sobre este tema no curto ensaio sobre a *Função Transcendente* (1916) e nas definições que inclui no fim dos *Tipos Psicológicos* (1921). De um texto para outro, percebe-se a dificuldade de apreensão e formulação daquilo que em sua especificidade mesma, escapa às categorias da linguagem. Jung consegue entretanto destacar a noção de "sentimento" e consagra-lhe um importante capítulo de *Aïon* (1951). De modo significativo, o título desse capítulo é "O Si-Mesmo ("Le Soi").

A palavra francesa "sentimento" traduz habitualmente, mas mal, o termo alemão *Gefühl* utilizado por Jung. *Gefühl* vem do verbo *Fühlen* em que o corpo, o toque, a avaliação sensorial têm a mesma conotação que a reação afetiva. *Gefühl* é diferente de *Gemüt* que expressa a maior parte da afetividade mais ou menos romântica que o francês atribui ao sentimento. A tradução que melhor corresponderia à definição que Jung dá de sentimento seria: função de avaliação.

> "Em psicologia substitui-se à medida exata das quantidades, uma determinação formada pelas apreciações das intensidades; emprega-se para tal a função do sentimento (estimativa de valor). Esta última desempenha na psicologia o papel da medida na física."
> (49, p. 564)

O que o pensamento vê como sendo uma satisfação, a afetividade sente como um valor. O assim experimentado, que é de certo modo o aspecto qualitativo da satisfação, é o resultado de uma elaboração parcialmente consciente e parcialmente inconsciente. Desemboca numa aceitação ou rejeição que se exerce ao modo de um "gosto--não gosto".

Trata-se aparentemente de um ato de ego; na verdade, a avaliação lhe é imposta pelo jogo dos complexos que o dominam. A afetividade é cega; as intensidades não correspondem à importância real dos fenômenos; as orientações são discordantes. É aqui que se aplica o esforço para tornar-se consciente, no que concerne à função de avaliação. A integração é uma diferenciação. O sentimento imaturo é indiferenciado ao mesmo tempo no caráter tudo ou nada das apreciações e no fato de atribuir valores ao objeto, que dependem de dinâmicas inconscientes. A diferenciação, diz Jung, é uma *Enttäuschung*, a perda do charme e do maravilhoso. Vem da tomada de consciência das projeções sobre o objeto, mas também do trabalho com as figuras nas quais se projeta a afetividade. Figuras masculinas para a mulher (*animus*) e femininas para o homem (*anima*); elas são aspectos do gosto pela vida, do desejo e da relação com o outro. Expressam as variações do sentimento e permitem compreender o que o deforma, desvia ou afina.

Assim é possível conscientizar os valores, pô-los em questão, confrontá-los e transformar a avaliação sempre respeitando a especificidade desta dimensão da vida psíquica. O desafio está na aptidão a receber um certo tipo de informação sobre a constituição do sujeito e sobre sua relação com o outro. Com efeito, é falso e pernicioso crer que o julgamento e a decisão pertencem à razão somente.

> "Um sentimento é uma realidade tão incontestável quanto a existência de uma idéia, e podemos experienciá-lo exatamente no mesmo grau." (G. W. 16, § 531)

A apreciação da realidade também está ligada à afetividade. Esta beneficia-se até mais das informações de origem inconsciente. Está, pelas variações de tom e intensidade dos afetos, ligada no momento e no singular muito melhor do que a razão. A diferenciação do sentimento permite esclarecer as informações que chegam embaralhadas através dos afetos e perceber assim os sinais do que é bom aqui e agora.

Na análise também, a função de avaliação tem papel decisivo. Se é verdade que o pensamento e a intuição esclarecem os pontos de referência, as ligações e as rupturas, é pelo sentimento que o analista aprecia os acentos, os silêncios, os mil matizes operativos da relação transferencial. É por isso que a diferenciação do sentimento é fundamental na formação do analista.

A posição ética

Escolher segundo o sentimento é um compromisso que não pode assegurar-se pela demonstração. Sempre pode ser suspeito e dificilmente poderá recorrer ao discurso para justificar-se, pois apóia-se sobre uma elaboração pessoal e atual do irracional. É assumir-se exatamente a si mesmo, permanecendo nos limites da própria individualidade. Ter alguma oportunidade de conscientizar-se dos valores que nos conduzem, coisa facilmente escondida pelo recurso ao universal da razão. Em resumo, quero dizer que a função pessoal de avaliação está na raiz do acesso à palavra. Ela diz "não" e "sim". Teve que correr, para tanto, o risco de agredir. Reconhece ao outro, seu nome próprio.

> "(A intervenção) do sentimento significa que temos uma relação afetiva com a existência e o sentido dos conteúdos simbólicos, e portanto que também nos sentimos engajados em uma atitude ética, da qual o estetismo e o intelectualismo gostariam muito de liberar-se." (52, p. 146 — G. W. 16, § 489)

Ao estudarmos o símbolo e o sentimento, assumimos um ponto de vista segundo o qual a energia e o sentido aparecem ligados. Seguimos Jung quando chama a atenção sobre a numinosidade do símbolo e sobre a possibilidade de uma dialectização da energia. Esta parte dos fenômenos de autonomia e do ser tomado. Nota as diferenças de intensidade que os acompanham e observa que estas diferenças impõem-se ao consciente sob forma de valores. Face à seqüência de desenvolvimento: energia-afeto-valor, o sujeito dispõe de uma função de avaliação pessoal (*Gefühl*) com a qual pode integrar a energia em jogo. Esta função de avaliação está apta a tratar uma informação que a razão não registra. É ela que fundamenta a afirmação do Eu em uma posição ética.

> "Um conteúdo psíquico só pode ser integrado, quando seu duplo aspecto se torna consciente, isto é, quando não é compreendido só intelectualmente mas também no seu valor de sentimento." (G. W. 9/2, § 58)

V

Figuras do Outro

Jung não propõe modelos de interpretação que permitam trazer as manifestações do inconsciente para o já conhecido. As categorias que elabora paralelamente a suas experiências, não correspondem à estrutura de um aparato psíquico, são categorias do encontro, figuras do outro. O rigor é dirigido para a maneira que tem o consciente de deixar aparecer e confrontar-se com as figuras. As categorias propostas pela experiência correspondem às formas que os dinamismos inconscientes tomam para interferir na vida física e psíquica. Pouco a pouco desenha-se uma gramática destes dinamismos e de suas relações com o consciente, mas esta não pode ser reduzida a alguns mecanismos. O inconsciente permanece sempre assim. O psiquismo e seu enraizamento no corpo, na sociedade, no cosmos, não são inteiramente acessíveis ao consciente. A questão principal é saber como relacionar-se com ele. As categorias propostas por Jung, como a figura do outro, são mediadoras da relação.

Estas categorias são construídas de tal maneira que não se parecem em nada a um conceito. Têm cada uma três dimensões: 1) São primeiro figuras que aparecem no imaginário dos indivíduos e dos povos. Ao freqüentá-las, constata-se a estabilidade de seu caráter e de seus papéis sob a diversidade das aparências; 2) Estas imagens põem no palco dinamismos cuja formação podemos encontrar, remontando através da anamnese e das associações até às origens do sujeito, de sua família e de seu meio ambiente e 3) Estas imagens também fazem história, isto é, manifestam por suas características próprias, a natureza e orientação das dinâmicas em ação, para o sujeito.

Contrariamente aos preconceitos, as imagens dos sonhos e fantasias constituem um vocabulário de surpreendente precisão. Mas é um vocabulário que se defende mal. A imagem paga com uma aparente ambigüidade, a plasticidade que lhe permite significar ao mesmo tempo a natureza de um dinamismo, sua origem e suas possibilidades de integração. Para compreender corretamente uma imagem, é preciso levar a análise até ao ponto onde só uma significação é possível, porque só ela leva em conta todos os detalhes. Descobre-se então que a riqueza semântica da imagem é paralela à sua precisão.

Jung dedicou a maior parte de sua obra a buscar e propor pontos de referência no confronto com os dinamismos inconscientes. Distingue vários sistemas que chama de arquétipos. Cada um corresponde a uma figura do outro, fora e dentro do sujeito. Vamos considerá-los brevemente.

A sombra

A particularidade do ponto de vista de Jung, aparece claramente quando se compara o que ele diz da sombra, com a noção freudiana de repressão. Jung coloca-se numa perspectiva em que o fenômeno aparece e solicita o sujeito. Supõe a repressão, mas não a estuda. Não constrói um modelo do mecanismo que produz o fenômeno, mas observa o que acontece com o sujeito e a história que resulta.

A sombra é detectável em figuras do mesmo sexo que o sujeito e que são os principais atores de seus sonhos e fantasias: "o selvagem de pele bronzeada que me havia acompanhado e tomado a iniciativa da emboscada, é uma encarnação da sombra primitiva". (47, p. 210) Estes personagens têm traços de caráter e maneiras de agir que são a contrapartida da personalidade consciente. Quanto mais unilateral é o consciente, mais acentuados são esses personagens; não são nem o complementar nem o duplo narcísico. Ao analisá-los descobre-se que encarnam pulsões reprimidas, e também valores rejeitados pelo consciente. Hoje, quando o modelo coletivo é mais o de um indivíduo agressivo e sexualmente aberto, a sombra forma-se mais para o lado da fraqueza e do sentimento. Se é verdade que a sombra de uma senhora de idade, retraída e tímida, pode ser uma dançarina de flamengo, uma personalidade poderosa pode ter em sua sombra uma criança fraca.

Não devemos entretanto concluir que a sombra não seja mais que o oposto do consciente. Representa na realidade o que falta a cada personalidade. Ela é, para cada indivíduo aquilo que poderia ter vivido e não viveu. E assim ela põe no tapete a questão da identidade: quem és em relação ao que poderias ter sido? Que fizeste de teu irmão?

Este questionamento vai além da repressão, e chama a atenção sobre o que nasce a partir de uma escolha. Observamos com efeito que cada posição engendra seu oposto. Assim, as forças que empurram o homem a tornar-se consciente, alimentam um narcisismo estéril, e no plano coletivo, as técnicas que facilitaram a existência, ameaçam torná-la impossível. A sombra acompanha o indivíduo e representa, a seu lado, a conseqüência de suas escolhas.

Além daquilo que a personalidade reprime ao organizar-se e do que produzem suas escolhas, existem dinamismos que ainda não tiveram a possibilidade de tornar-se conscientes "por que não havia nenhuma possibilidade de apercepção, isto é, a consciência de ego não tinha meios para acolhê-los. Permaneceu subliminares, se bem que, considerados do ponto de vista energético, sejam certamente suscetíveis de consciência". (49, p. 487)

Esta observação esclarece um processo de "posta na sombra" relativa ao vir a ser consciente e não à repressão; uma boa parte do psiquismo de cada indivíduo, é projetada no ambiente a tal ponto que o sujeito não tem nenhum meio de atribuí-lo a si mesmo. É o que Jung chama de "identidade arcaica". Quando o trabalho de tomada de consciência se desenvolve, constatamos que componentes psíquicos que estavam completamente projetados para fora, passam a manifestar-se no psiquismo individual em figuras de sombra.

É especialmente o caso das zonas mais primitivas que aparecem sob forma de animais de sangue frio ou mesmo de cataclismas naturais. Jung fala da cauda de sáurio que o homem civilizado esconde de si mesmo, e que terá que redescobrir um dia. Para designar esta experiência, emprega o termo "primitivo".

Ao apresentarem-se ao consciente como figuras de sombra, os diferentes componentes que evocamos assumem posição de parceiros para uma história possível. De sonho em tomada de consciência, e de modificação de comportamento em novo sonho, vemos a sombra reagir e mudar. Ela permanece entretanto como o eterno Antagonista, pois nasce, sob outras formas, do próprio desenvolvimento do sujeito. É sempre "o conjunto do que o sujeito não reconhece e que o persegue incansavelmente". (21, p. 267)

Nesta dialética, acontece que a sombra se projeta sobre um parceiro concreto e desencadeia assim um apego que é uma das formas da homossexualidade. Acontece também a sombra derrubar a ordem estabelecida e tomar o consciente de maneira temporária ou durável. Assistimos então seja a comportamentos contraditórios, seja a um verdadeiro transtorno da personalidade. Na segunda metade da vida acontecem estas "conversões" ou enantiodromias.

Em geral, tomar consciência da sombra provoca conflitos que põem em causa os hábitos, as crenças, os laços afetivos e mais radicalmente os diversos espelhos da consciência de si. É o Nigredo dos alquimistas, a crucifixão e a tortura. A experiência do que foi reprimido ou daquilo que ainda nunca chegou ao consciente desarticula o eu, faz com que perca seus pontos de apoio e mergulhe na obscuridade. Vive então uma regressão de modalidades características.

Esta experiência é para Jung, a porta do real. O conflito surgido da tomada de consciência da sombra explode as identificações imaginárias. Diante das ideologias, espiritualidades, das místicas de todos os gêneros, Jung contenta-se com perguntar onde está a sombra. Dirá que "o resultado do método freudiano de elucidação é uma minuciosa elaboração, sem precedentes, sobre a sombra do homem. É o melhor antídoto imaginável para as ilusões idealistas". (G. W. 16, § 145) "Não se trata de desviar-se do negativo, mas de experienciá-lo da maneira mais completa possível." (19, p. 267)

O conhecimento de si é "um processo que leva a compor com o Outro em nós". (G. W. 14/2, § 365)

Persona

Na *Dialética do Eu e do Inconsciente* (1928), Jung propõe a noção de persona para designar a forma que assume uma personalidade em função de seu meio ambiente.

> "A persona é o sistema de adaptação ou a maneira como comunicamos com o mundo." (G. W. 9/1, § 221)

É o resultado de um ajustamento progressivo e duro, enquanto os fracassos externos ou a pressão interna da sombra não a questionam. O consciente ignora até então a que ponto se identificou com um papel e uma imagem; tampouco tem meios de saber se esta aparência lhe convém ou não.

> "Podemos dizer, sem exagerar, que a persona é o que alguém na realidade não é, mas o que ele mesmo e os outros pensam que ele é." (G. W. 9/1, § 221)

Sob este aspecto, a persona corresponde ao "falso-*self*" de Winnicott. Mas ela não tem só esta dimensão negativa.

A "persona" era a máscara que usavam os atores no teatro antigo, servia para fazer ressoar suas vozes (*per-sonare*) e permitia que o público reconhecesse seus papéis.

Quando Jung emprega este termo, quer dizer que a análise do falso pretexto, da trapaça consigo mesmo, da identificação com o papel social, deve situar-se na perspectiva da comunicação. Esta necessita um intermediário, pois não há comunicação pura. Sem máscara, regredimos a uma participação arcaica ou então precisamos isolar e esconder-nos. A tomada de consciência da persona não fica então na denúncia de uma falsificação, tem também o encargo de inserir o sujeito na rede social de comunicação.

Não se trata de suprimir a máscara, mas de não mais identificar-se com ela, isto é, de não usar mais o papel social e a linguagem para substituir o sujeito.

É uma pena que Jung tenha escrito pouco sobre a persona, pois sua maneira de encará-la tem o mérito de reconhecer a realidade do teatro humano. Esta não faz pesar sobre ele exigências de "verdade", que estariam deslocadas, mas sim, exigências de consciência. A persona é a possibilidade que o sujeito tem de estar presente e manter ao mesmo tempo a distância, isto é, de comunicar.

A grande mãe

Em *Metamorfoses da Alma e seus Símbolos,* Jung introduz uma nova problemática na análise, a da relação com a mãe. Anuncia assim os estudos dos analistas que estudarão mais tarde os períodos pregenitais. Entretanto, ele mesmo não assume um ponto de vista de observador, não descreve as etapas da psicogênese; situa-se como um homem que teve uma mãe como parceira em diferentes momentos de sua vida.

Encontramos o fio condutor de seu pensamento em algumas páginas do ensaio de 1938 sobre "Os Aspetcos Psicológicos do Arquétipo Mãe."

Sob uma forma quase poética, evoca primeiro sua imagem:

"Essa imagem da mãe que foi cantada e celebrada em todos os tempos e todas as línguas. É este amor materno que faz parte das recordações mais tocantes e inesquecíveis da idade adulta, e que significa a raiz secreta de todo vir a ser e de toda transformação, a volta ao lar e o recolhimento, o silencioso fundo primordial de todo começo e de todo fim. Intimamente conhecida e estranha como a natureza, amorosamente terna e cruel como o destino, dispensadora voluptuosa e nunca cansada da vida, mãe das dores, porta sombria e sem resposta que se fecha sobre a morte, a mãe é amor materno, ela é 'minha' experiência e 'meu' segredo." (49, p. 110)

Como poderia haver algo de comum entre esta imagem e "o ser humano chamado mãe que — poderíamos dizer — o acaso fez portador desta experiência"? (*ibid*)

Para conscientizar-nos do que seja a mãe, é preciso desfazer a confusão entre o que em nós se desperta e aquela que é o instrumento disso.

"Aquele que sabe não mais pode fazer recair este enorme peso de significação, de responsabilidade e de dever, de céu e de inferno sobre estes seres fracos e falíveis, dignos de amor, de indulgência, de compreensão e de perdão, que nos foram dados como mães" (*ibid*).

Cada um deve retomar por conta própria a experiência materna da vida.

"Também não tem o direito de hesitar um só instante em aliviar mãe humana da assustadora carga, por respeito a ela e a si mesmo. Pois é precisamente este peso de significado que nos amarra à mãe e que a amarra a seu filho, para a perda física e espiritual de ambos." (49, p. 111)

Mas a verdadeira e necessária separação da mãe, não consiste só em romper uma afeição:

"Não se desata um complexo materno, reduzindo a mãe unilateralmente a uma medida humana e por isso dizer 'retificando-a'. Assim correr-se-ia o perigo de dissolver em átomos a experiência 'mãe', de destruir um valor supremo e de jogar longe a chave de ouro que uma fada pôs em nosso berço." (49, p. 111)

Jung denuncia a análise que acredita ter resolvido a questão porque conseguiu repelir o que foi vivido com a mãe e conscientizar o complexo que havia se formado a partir dessa relação. Por quê tanta exigência?

"A força elementar das referências originais desaparece. No seu lugar, instala-se a fixação à imagem materna e quando o conceito ficou suficientemente definido e afiado, encontramo-nos é amarrados à razão humana e condenados então a crer exclusivamente no razoável. De um lado, é sem dúvida uma virtude e uma vantagem, mas é também uma limitação e um empobrecimento, porque aproxima-se do deserto do doutrinal." (49, p. 111)

Jung insiste sobre o poder original do que foi vivido com a mãe; para ele, esta vivência é a própria mãe: ela é "minha experiência". A tomada de consciência, a retirada das projeções, o reconhecimento da imago, só apreendem a moldura e perdem a substância. O poder da vivência "mãe" vai projetar-se em outro lugar e provavelmente sob uma forma regressiva.

Desatar os laços da projeção deixa cada um face a face com "seu segredo". A mãe nele, maravilhosa ou horrível, plenitude ou falta, é ele próprio. Rejeitá-la, apagá-la, atribuí-la a outro, restabeleceria a alienação. Que fazer? Jung sugere que ela poderia ser uma chave.

Acrescenta: "ser primeiro, a mãe representa o inconsciente". (23, p. 689) Não que o inconsciente seja mãe ou à imagem da mãe, mas ao entregar-se ao chamado da mãe em si, ao permitir-se regredir à perturbação afetiva que ela evoca, todos podemos reencontrar o contato com o inconsciente, a porta.

"Quando Hiawatha novamente se esconde no seio da natureza, é como o despertar de suas relações com sua mãe, e de algo ainda mais antigo." (23, p. 553)

"Quando não é perturbada, a regressão não fica na mãe; vai mais além, para alcançar, poderíamos dizer, um 'eterno feminino' pré-natal, o mundo original das possibilidades arquetípicas no qual 'rodeado das imagens de toda criatura', a criança divina espera cochilando tornar-se consciente." (23, p. 546)

A "mãe" abre o caminho para uma renovação, isto é, para um ser mais inteiramente ele mesmo porque melhor ligado a seu inconsciente. Mas por que é preciso uma regressão? Por que é que a criança dorme e não vem por si mesma?

Chegamos assim ao longínquo e diferente mundo da matriz inconsciente. Jung toma para evocá-lo, uma figura da alquimia grega: Ouroboros, o dragão que se engendra e se devora a si mesmo. É a imagem da natureza primeira e da organização fundamental da energia psíquica. Mostra, na maneira pela qual o corpo do dragão desenvolve-se ou esgota-se pela relação fecundante ou devoradora da cabeça e da cauda, como a energia psíquica é uma tensão entre opostos. Como o corpo do dragão, a energia cresce e decresce segundo o sentido das tensões. Resulta daí uma expansão ou ao contrário uma asfixia e uma estase, ou até uma degradação em círculo vicioso. Somente a exigência da consciência pode transformar essa energia em um crescimento linear.

O Ouroboros corresponde ao caráter aparentemente contraditório daquela que chamamos a Grande Mãe, a que cria e destrói, que reanima e castra, que aterroriza e protege. Esta Mãe difere muito daquela que foi, segundo um esquema linear, uma origem. Parece-se mais com a Mãe Má e Boa do período de clivagem, mas a maneira pela qual permite a apercepção da energia sugere que é o símbolo no qual a experiência da clivagem se prolonga e assume todo o seu alcance.

Com efeito, para Jung a Grande Mãe não é um poder oculto. É um símbolo, o chamado de uma experiência e de uma confrontação.

Anima — animus

Jung conta como tomou consciência da anima: ele anotava e desenhava espontaneamente suas fantasias quando uma voz sugeriu-lhe que tratava-se de arte; ficou perturbado, mas em vez de refletir "sobre" esta voz, deixou-a falar.

"Nunca me teria passado pela cabeça que minhas fantasias pudessem ter a ver com arte; mas pensei: 'Talvez meu inconsciente tenha formado uma personalidade que não sou eu, mas que gostaria de expressar-se e manifestar sua própria opinião.' Eu sabia que a voz vinha de uma mulher, e reconheci-a como sendo a voz de uma doente psicopata muito talentosa e que sentia uma forte transferência por mim. Ela tinha passado a ser um personagem vivo dentro de mim... Pensei que 'a mulher em mim' não dispunha de um centro da palavra, e propus-lhe servir-se da minha linguagem. Ela aceitou esta oferta e expôs imediatamente seu ponto de vista em um longo discurso. Fiquei extremamente interessado pelo fato de uma mulher, vinda do meu interior, meter-se nos meus pensamentos... Mais tarde, compreendi tratar-se de uma personificação típica ou arquetípica no inconsciente do homem, e designei-a como o termo *anima*. Chamei a figura correspondente no inconsciente da mulher, de animus."
(47, pp. 215-218)

Estas figuras não se encontram só nos diálogos de uma imaginação ativa. Manifestam-se também nos sonhos e fantasias sob forma de personagens masculinos na mulher, e femininos no homem. Suas silhuetas não se parecem com ninguém conhecido e parecem pertencer ao mundo íntimo do sonhador. Às vezes mudam de roupas, de papel, de aspecto ou de idade, e quando aplicamos estas transformações às mudanças da vida afetiva, descobrimos até que ponto as figuras oníricas dão um rosto aos fatores inconscientes ativos na existência diurna.

A observação destas correlações faz pensar que cada ser humano leva em si, inconscientemente, traços do outro sexo. Essas figuras não são modelos do feminino e do masculino e não correspondem a um arquétipo da mulher ou do homem. Jung estima que são disposições para a relação com o outro sexo formadas com a humanidade mesma.

"Não existe experiência humana, e mesmo nenhuma experiência é possível, sem disponibilidade subjetiva... Consiste em uma estrutura psíquica inata que é o fator que permite ao homem fazer e viver esta experiência. Assim, toda a natureza do homem pressupõe a mulher e sua natureza, tanto física como psiquicamente." (44, pp. 168-169)

"Esta imagem é um conglomerado hereditário inconsciente de origem muito longínqua, incrustado no sistema vivo, 'tipo' de todas as experiências da linhagem ancestral sobre o ser feminino, resto de todas as impressões fornecidas pela mulher, sistema de adaptação psíquica recebida por herança." (39, p. 173)

Ao falar de anima, Jung inverte as perspectivas usuais afirmando que este elemento feminino do psiquismo masculino não resulta de uma interiorização da imagem materna, assim como o animus tampouco vem do pai. Os pais são, na realidade, a primeira atualização da disposição inata.

"A anima não é uma figura substitutiva da mãe, mas ao contrário, é muito verossímil que as qualidades numinosas que tornam a imago materna tão perigosamente poderosa, derivem do arquétipo da anima, reencarnado em cada criança de sexo masculino." (G. W. 9/2, § 26)

"Toda a mãe e toda a bem-amada é assim forçada a ser o veículo e encarnação desta imagem sem idade e onipresente, correspondente à mais profunda realidade do homem." (G. W. 9/2, § 24)

Veremos, ao estudarmos a noção de arquétipo (II Parte, Cap. 2), como Jung liga "imagem" e "estrutura". Digamos desde já, que anima e animus não se projetam só nas imagens oníricas, literárias ou mitológicas, mas igualmente no comportamento e na vida afetiva. Organizam tudo aquilo que põe em causa a identidade sexual do sujeito, em particular o erotismo oral e anal, as fantasias de castração e as relações edípicas. Anima e animus não são então somente imagens virtuais ou projetadas do outro sexo. Passam a ser, em função do vívido, complexos autônomos que exercem considerável pressão sobre o sujeito. Na medida em que estes complexos permanecem inconscientes, têm uma ação principalmente negativa.

"Em sua primeira forma inconsciente o animus é uma instância que engendra opiniões espontâneas, não premeditadas; exerce influência dominante sobre a vida emocional da mulher, enquanto que a anima é uma instância que engendra espontaneamente sentimentos que exercem sua influência sobre a compreensão do homem e levam à sua distorção." (47, p. 452)

Anima e animus não são simétricos, têm seus efeitos próprios: possessão pelos humores para a anima inconsciente, pelas opiniões para o animus inconsciente. (44, p. 217) Jung trata sobretudo da anima.

"A anima inconsciente é um ser auto-erótico, totalmente incapaz de relacionamento, que não busca outra coisa senão a tomada de possessão total do indivíduo, feminizando o homem de perniciosa e estranha maneira. Isso manifesta-se por um humor instável e uma falta de autocontrole que acabam corrompendo as funções até então seguras e razoáveis, por exemplo a inteligência." (52, p. 164)

"Esta perigosa imagem da Mulher pertence ao homem; defende a lealdade que precisa às vezes esquecer, no maior interesse pela vida; é a tão necessária compensação para os riscos, lutas, sacrifícios que acabam todos em desilusão; é o repouso das amarguras da vida. E ao mesmo tempo ela é a grande ilusionista, a sedutora que atrai para a vida, por sua Maya — e não só para os aspectos úteis e razoáveis da vida, mas para seus assustadores paradoxos e ambivalências onde o bem e o mal, o sucesso e a ruína, esperança e desespero, contrabalançam-se mutuamente. Porque ela é seu maior perigo, ela pede o máximo ao homem." (G. W. 9/2, § 24)

Estes complexos são particularmente ativos nas relações de casal onde instalam tanto a paixão quanto a discussão.

"Enquanto a nuvem de animosidade que envolve o homem é principalmente composta de sentimentalismo e ressentimento, o animus expressa-se na mulher sob forma de pontos de vista que são opiniões, interpretações, insinuações e falsas reconstruções, que têm como característica cortar a relação entre dois seres humanos." (G. W, 9/2, § 32)

"Nenhum homem pode conversar cinco minutos com um animus sem ser vítima de sua própria anima." (G. W. 9/2, § 29)

"Quando animus e anima se encontram, o animus desembainha sua espada de poder e o anima projeta seu veneno de ilusão e sedução. O resultado não é sempre negativo, já que os dois estão igualmente prontos a apaixonar-se." (G. W. 9/2, § 30)

"Muitas vezes, a relação segue seu próprio curso sem levar em conta os atores humanos, que depois, nem sabem o que lhes aconteceu." (G. W. 9/2, § 31)

Não é fácil livrar-se de tal influência.

"O efeito da anima e do animus sobre o ego... é extremamente difícil de eliminar, porque é extraordinariamente forte e enche a personalidade de um sentimento inabalável de justiça e certeza. Por outro lado, a causa é projetada e parece estar ligada aos objetos e situações objetivas... A consciência fica fascinada, cativada, como que hipnotizada. Muitas vezes o ego fica com um sentimento vago de derrota moral e trata tudo na defensiva, com desafio e autojustificação, estabelecendo assim um círculo vicioso que só pode aumentar seu sentimento de inferioridade." (G. W. 9/2, § 34)

O distanciamento desta influência se faz por diferenciações sucessivas da anima ou do animus para com as imagos parentais e para com o ego. Começa na maioria das vezes por um questionamento vindo da sombra.

"É só pelo conhecimento da sombra que se chega à anima. É idêntico para o animus; enquanto não reconhecem sua sombra, as mulheres são possuídas pelo animus." (57, p. 33)

Na medida em que o ego toma consciência da anima e do animus, e libera-se de sua influência, estes transformam-se, sua ação torna-se positiva e contribui para a maturidade do psiquismo.

"A anima procura unificar e unir, o animus quer distinguir e conhecer." (52, pp. 173-174)

Assim como a anima passa a ser, através da integração, o Eros ou a consciência, assim o animus será um Logos; e do mesmo modo que a anima dá à consciência do homem sua capacidade de relação e aliança, o animus dá à consciência da mulher uma capacidade de reflexão, de deliberação e de conhecer-se a si mesma." (G. W. 9/2, § 33)

Na sociedade atual, a ligação com o outro é ainda para o homem, como a auto-afirmação e a Palavra são ainda para a mulher, o atributo do sexo inconsciente. São na maioria das vezes projetados para fora do comum e para os prestigiosos poderes do Eterno Feminino, do Herói e do Sábio. É pelo distanciamento e pela relação com a anima e o animus que o homem e a mulher integram respectivamente sua capacidade de ligação e de palavra. A identidade sexual não se adquire somente pelo exercício concreto da sexualidade. É preciso também a confrontação interior.

Ela acontece, particularmente, na consciência do desejo. Sem utilizar este termo, Jung reconhece na anima e no animus, figuras do desejo. A anima de que fala em "Minha Vida" não lhe inspirou uma obra, propôs-lhe um sabor. Para ela, como para o animus, o objeto e a satisfação que oferecem, não são senão o meio para uma intensidade e um gosto. O gosto pelo rigor, pelo heroísmo ou pelo prazer, o gosto de amar o amor. O animus busca a lógica e a verdade pela segurança e o poder que ali encontra. A anima faz o sucesso de uma idéia em função de sua estética. Arrastam assim a personalidade que dominam para um auto-erotismo secundário em que ela fica prisioneira de uma subjetividade sem objeto nem sujeito.

Por outro lado, quando anima e animus são reconhecidos, e não mais exercem sobre o ego uma influência inconsciente, sua ação transforma-se. Desempenham o papel de mediação com o inconsciente. É assim que Jung os define em última análise. Para ele, a mediação com o inconsciente, é sexuada, e alcança-se através do sexo inconsciente.

Resume assim, a propósito da anima, a evolução das relações entre essas figuras e o consciente.

> "A ambigüidade da anima, porta-voz do inconsciente, pode perfeitamente aniquilar o homem. Finalmente, é sempre o consciente o decisivo, o consciente é que deve compreender as manifestações do inconsciente, apreciá-las e assumir uma posição em relação a elas. Mas a anima também tem um aspecto positivo. É ela quem transmite ao consciente as imagens do inconsciente e é isso que me parecia mais importante." (47, p. 218)

> "Durante decênios, dirigi-me sempre à anima quando me parecia que minha afetividade estava perturbada e que me sentia agitado. Isso significava que algo estava constelado no inconsciente. Em tais momentos eu interrogava a anima: 'O que está acontecendo agora? O que vês? Eu quisera sabê-lo.' Depois de alguma resistência, ela produzia regularmente e expressava a imagem que discernia. E logo que eu recebia esta imagem, a agitação ou a

tensão desapareciam; toda a energia de minhas emoções transformava-se assim em interesse e curiosidade por seu conteúdo. Depois eu falava com a anima sobre as imagens, porque era-me necessário compreendê-las o melhor possível." (47, p. 218)

Ego/Self

I — A experiência com psicóticos levou Jung a questionar-se desde cedo sobre a constituição do sujeito. No hospital Burghölzli tinha todos os dias o espetáculo de conscientes fragmentados, presas de dinamismos autônomos. O problema fundamental era o da unidade e organização do psiquismo. Desde 1907, em *Psicologia da Demência Precoce*, aborda a questão do ego, pelo qual a psicanálise ainda pouco se interessava. Propõe considerar o psiquismo como um conjunto de complexos mais ou menos independentes e opostos uns aos outros. O ego seria um complexo; aquele que habitualmente tem o papel de pólo central do consciente.

> "O ego, não sendo mais que o centro do campo de consciência, não se confunde com a totalidade da psique; não é mais que um complexo entre outros muitos." (18, pp. 478-479)

> "Ele é, em sua realidade banal, aquele centro contínuo de consciência cuja presença se faz sentir desde os tempos de infância." (G. W. 8, § 182)

> "Sob a palavra ego, é preciso compreender esse fator complexo a que todos os conteúdos da consciência se relacionam. Forma de certo modo o centro do campo da consciência e se este último abarca a personalidade empírica, o eu é o sujeito de todos os atos pessoais da consciência." (G. W. 9/2, § 1)

O ego não é somente o sujeito, mas é também ele mesmo um conteúdo da consciência. Compõe-se, como todo o complexo, de um conjunto de representações e de afetos, combinados sobre uma base de hereditariedade e de aquisições.

> "O ego é formado de suas lembranças e afetos." (13, p. 347)

> "Enquanto conteúdo específico da consciência, não é um fator simples ou elementar, mas um complexo que enquanto tal, não pode ser descrito de modo exaustivo. A experiência mostra que se apóia sobre dois fundamentos aparentemente diferentes: o somático e o psíquico." (G. W. 9/2, § 3)

Do ponto de vista somático, "o ego é a expressão psicológica da conexão firmemente associada de todas as sensações corporais elementares". (G. W. 3, § 83)

Do ponto de vista psíquico, "o ego parece nascer primeiro do embate entre os fatores somáticos e seu ambiente; uma vez estabelecido como sujeito, continua a desenvolver-se através dos conflitos com os mundos externo e interno". (G. W. 9/2, § 6)

Como todo o complexo, e apesar de ser o centro do consciente, o ego é parcialmente inconsciente. Isso significa que projeta-se em formações imaginárias tais como a Persona para Jung, e Eu Ideal e o Ideal do Eu para Freud.

> "A unidade facilmente danificada do ego, formou-se progressivamente durante milênios e somente com a ajuda de inúmeras medidas de proteção." (47, p. 393)

Na medida em que os outros complexos, como os complexos parentais, a sombra, a anima e o animus, são autônomos, têm o caráter de "sujeitos secundários" (49, p. 487) e assumem às vezes o papel do eu, a menos que o englobem durante períodos inteiros. Jung dirá no primeiro caso que estes complexos agem como "dominantes do consciente" (49, pp. 526-527) e no segundo caso, falará de possessão e inflação.

II — Tem causado surpresa o fato de Jung não tratar do narcisismo. Na realidade, analisa o mesmo fenômeno numa epistemologia diferente.

O conceito de narcisismo resulta, com efeito, de uma observação exterior. Narciso sente diretamente a avidez da busca de si mesmo e a angústia de tudo que lhe ameace a imagem. Jung assume o mesmo ponto de vista e descobre a *Ichhaftigkeit*, o "apego a ser eu", e com que o sujeito está às voltas. Esta força interior leva à constituição do complexo-eu, mas tende também a fazer girar toda a vida psíquica à volta dele. Antes do ego diferenciar-se numa relação com o inconsciente, está no estado de *Ichsucht* (G. W. 14/2, § 18) um enrolar do consciente sobre si mesmo. A imagem do mundo e a imagem do eu correm então o risco de confundir-se.

A *Ichhaftigkeit* (G. W. II, § 904) reinaria sobre o psiquismo individual de sua unilateralidade não engendrasse uma sombra, que por sua vez torna-se um complexo independente e opõe-se a ela. A emergência da sombra, de que a volta do reprimido é só um aspecto, atrapalha a organização do ego. Jung analisa o processo de transformação que então começa. Em vez de estudar o narcisismo, estuda os conflitos, os sacrifícios e as mutações que marcam os momentos sucessivos da formação do sujeito.

III — Insiste sobre o fato que tornar-se consciente, põe o ego em perigo. Um texto de 1941 traz o eco do que ele mesmo viveu trinta anos atrás.

> "A integração dos conteúdos projetados nas imagos parentais tem como efeito ativar o inconsciente, pois essas imagos estão carregadas de toda a energia que possuíam originalmente na infância...
> A solidão na consciência de si tem como conseqüência paradoxal,

fazer aparecer nos sonhos e fantasias, conteúdos impessoais que são o material que compõe certas psicoses... Um repentino estado de orfandade, uma falta de família, pode — nos casos em que há tendência à psicose — ter conseqüências perigosas por causa da ativação igualmente repentina do inconsciente." (G. W. 16, § 218)

Mesmo quando suporta esta situação, o eu não escapa a uma inflação, positiva ou negativa. Ligado aos componentes psíquicos que ele integra e à sua própria solidão, deixa-se possuir pelo afluxo de energia, ou defende-se dele identificando-se a seus próprios limites conscientes. Haverá alguma possibilidade de evitar estas duas falsas soluções?

> "Quando chega este momento, entra em jogo uma compensação muito sadia. Surge uma reação do inconsciente coletivo e luta contra a perigosa tendência a desintegrar-se. Ela caracteriza-se por símbolos que sinalizam, sem possibilidade de engano, um processo de centralização. Este processo cria nada menos que um novo centro da personalidade, cujos símbolos mostram a evidência de que ele é supraordenado ao eu e esta posição será provada mais adiante empiricamente. Este centro não pode ser posto na mesma classe que o eu, é preciso atribuir-lhe um valor mais alto. Também não se pode chamá-lo 'eu', e por isso dei-lhe o nome de si mesmo. É um *happening* vital que provoca uma transformação da personalidade. Chamei o processo que leva a esta experiência, o 'processo de individuação'." (G. W. 16, § 219)

Assim, a tomada de consciência e a retirada das projeções levam o eu a um estado de inflação (ou deflação) que só se resolve com a descoberta de um centro inconsciente da personalidade e o estabelecimento de uma relação entre o eu e esse centro.

> "A centralização (*Zentrierung*) é, na minha experiência, o máximo nunca ultrapassado do desenvolvimento, e que se caracteriza por coincidir na prática com o máximo efeito terapêutico." (49, p. 525)

O que é esse centro? Jung considerou as mandalas que pintou ao experienciá-lo, como sendo uma primeira fonte de informação.

A mandala "pinta o *self* como uma estrutura concêntrica, muitas vezes na forma de uma quadratura do círculo... Esta estrutura é invariavelmente sentida como sendo a representação de um estado central ou de um centro da personalidade essencialmente diferente do ego. Ela é de natureza numinosa". (G. W. 14/2, § 431)

> "Podemos dizer, com alguma certeza, que estes símbolos têm um caráter de totalidade. Em geral são símbolos 'unificadores' e representam a conjunção de um par de opostos simples ou duplo." (G. W. 9/2, § 194-195)

As mandalas sugerem então que este dinamismo inconsciente teria as seguintes características: centro, totalidade, princípio de unidade, conjunção dos opostos, estrutura quaternária. Entretanto Jung absteve-se de generalizar estas hipóteses e teorizá-las até ter lido *O Segredo da Flor de Ouro*, que Richard Wilhelm lhe faz conhecer em 1928.

Sem bem que esse texto não fale do *self*, relata as fases de uma perda radical de identificação para com os objetos e representações e evoca o fogo que jorra a seguir "na caverna do vácuo". Jung descobre ali uma experiência próxima à sua, forma então a idéia do *self*, e toma emprestado esse termo ao Rig Veda.

> "Eu sabia que havia chegado, com a mandala como expressão do *self*, à descoberta última, à qual me seria dado chegar. Talvez outro chegue mais longe, mas eu não." (47, p. 229)

A partir desta época, Jung consagra a maioria de suas pesquisas ao *self* e ao processo de individuação. Na primavera de 1934, vence suas resistências e mergulha na leitura dos textos alquímicos ocidentais. Escreve *Psicologia e Alquimia* (1944), *Psicologia da Transferência* (1946), *Mysterium Conjunctionis* (1955-56) e vários estudos publicados em *Raízes da Consciência*. Mais tarde, retoma o estudo dos textos cristãos e gnósticos. Esclarece assim de maneira cruzada, os sonhos de seus pacientes, a observação clínica e as representações coletivas. Em função dos temas cristãos, escreve *Aïon* (1951), *Resposta a Job* (1952) e vários estudos como *Psicologia do Sacrifício da Missa* (1954).

É impossível desenvolver aqui a teoria junguiana do *self*. Quero entretanto propor alguns pontos de referência.

Em um primeiro período, Jung enfatiza sobretudo o fato que o *self* é projetado, antes de ser reconhecido, em figuras mitológicas e teológicas. Não será a idéia do Deus Único, centro do mundo, a projeção no cosmos daquilo que existe no psiquismo? A ação pela qual um indivíduo se libera do imaginário e nasce para si mesmo não foi atribuída a figura de Anthropos em várias culturas evoluídas? A chegada à personalidade consciente de um impulso inconsciente que dá sentido à vida, não realiza o que se anunciava no Cristo e na Encarnação?

Sob a influência da alquimia, o pensamento de Jung interessa-se menos pelas representações e mais pelos processos. A conjunção dos opostos, com o que implica de separação e de diferenciação, fornece o esquema segundo o qual podemos compreender a ação do si mesmo. Jung formula-a em três idéias: o vir a ser segue um movimento compensatório, a totalidade é relação do consciente e do inconsciente, a organização psíquica evolui segundo uma lei de diferenciação.

A propósito da noção de totalidade que Jung emprega freqüentemente, é preciso lembrar que a palavra em francês trai o original alemão. Jung utiliza raramente *die Totalität*, mas quase sempre usa *die Ganzheit (ganz, ganzwerden...)*. Ora, o radical *ganz* não significa "total" mas sim "inteiro". Deveríamos traduzir *Ganzheit* por um neologismo como "inteireza", que representa melhor as idéias de integridade e integração do que totalidade. Longe de pretender ser tudo, possuir tudo ou fazer todas as experiências, a *Ganzheit* é correlativa às experiências de dissociação e fragmentação. Jung esclarece ainda que *Ganzheit* não é *Volkommenheit*, "realização total, perfeição". Para o homem que sente a presença de dois seres em si, a *Ganzheit* aparece como a unidade possível. É neste sentido que a experiência do *self* resolve a dissociação consciente-inconsciente e dá a inteireza ao sujeito.

IV — A tomada de consciência do *self* foi para Jung uma espécie de iluminação. Percebeu o sentido de sua existência e o da terapia analítica.

Foi por isso que inclinou-se primeiro a apresentar um panorama com duas teses extremas em que o *self* é apresentado como o verdadeiro centro da personalidade enquanto que o ego, alienado nos seus valores, e objetivos, deve sacrificá-los a fim de submeter-se à orientação que vem do *self*. Este sacrifício, provocado pelo reconhecimento de sombra, tem os traços do que se chamará mais tarde uma castração simbólica; todavia, é diferente, já que não termina na simples aceitação dos limites e da morte, mas desemboca numa relação viva com o sujeito inconsciente.

Os abandonos, as perdas e os lutos que a personalidade tem que viver à medida que se conscientiza dão a este sacrifício do ego uma amplitude semelhante ao que as tradições orientais ensinam como sendo uma morte do eu. Depois de algumas formulações hesitantes, Jung marca nitidamente a diferença entre essas tradições e a experiência analítica.

> "Não se pode cogitar de uma total extinção do. ego, pois a sede da consciência ficaria destruída, e o resultado seria uma completa inconsciência." (G. W. 9/2, § 79)

Não se trata de uma morte do ego, mas do sacrifício da *Ichhaftigkeit*. Não só o eu desaparece, mas os conflitos pelos quais passa livram-no de seus estados imaginários e fazem-no nascer para sua própria realidade.

Logo depois de descobrir a existência do *self*, Jung acentuou fortemente sua importância. Foi só progressivamente que foi dando atenção ao papel do ego, até chegar a insistir sobre sua função insubstituível em correlação com o *self*. Na *Resposta a Job*, mostra como o eu consciente é a única resposta às contradições internas dos poderes inconscientes, a condição de sua unidade e o princípio que os obriga a inscrever-se na história.

O ego é o sujeito da escolha e do engajamento ético, o único responsável pelas decisões.

> "O ego é dotado de um poder, de uma força criativa, conquista tardia da humanidade, a que chamamos vontade." (13, p. 90)

Em *Mysterium Conjunctionis*, Jung reconhece que o ego é a condição *sine qua non* da existência objetiva do mundo (*Gegenständlichkeit der Welt*).

V — Depois de ter oposto o ego o *self*, como ilusão e a verdade, Jung reconhece sua interdependência. Denuncia o perigo racionalista do não reconhecimento do *self*, e o perigo "místico da absorção do ego no *self*.

> "A acentuação da personalidade — ego e do mundo consciente pode facilmente assumir proporções tais que as figuras do inconsciente são psicologizadas e o *self* é conseqüentemente assimilado pelo ego." (G. W. 9/2, § 47)

> "O *self* só tem significação funcional quando pode agir como uma compensação de uma consciência do ego. Se o ego se dissolve por identificação com o *self*, resulta uma espécie de vago super-homem dotado de um eu inchado, em detrimento do *self*." (49, p. 553)

O sujeito humano realiza-se em uma polaridade interna, isto é, na coordenação paradoxal de um centro consciente e de um centro inconsciente. Estes dois centros não são da mesma ordem: o *self* não é um ego profundo.

> "A diferença entre o conhecimento do ego e do *self* dificilmente pode ser melhor formulada do que pela distinção entre 'quis' e 'quid'." (G. W. 9/2, § 252)

VI

Transferência

As figuras do outro são partes de nós mesmos. Desde que existimos, nosso ambiente formou nossa substância. Para desemaranhar tal ambigüidade, é preciso transferi-la para o espaço de uma relação virgem. É o que propõe a análise.

O descolar das projeções

Sentir em relação a outra pessoa, afetos e reações que acreditamos inspirados por nossos pais é sem dúvida uma das primeiras experiências da análise, depois de ultrapassar o estágio de anamnese. Esta referência leva a suspeitar a confusão da subjetividade e do objeto; também convida a pensar que os traços atribuídos ao analista nos pertencem. Assim a transferência desloca para um terceiro os conteúdos psíquicos que haviam tomado forma na relação com o ambiente e que haviam ficado identificados com ele. É um fenômeno geral, de que a psicanálise permitiu a tomada de consciência.

"A transferência é um fenômeno natural em si, que não acontece só no consultório médico, mas que se observa em todos os lugares." (52, p. 78)

A transferência analítica difere entretanto das transferências da vida comum. Acontece em um campo delimitado em que o analista não responde à projeção, mas para-a, enfoca-a e apresenta-a à consciência.

Sua presença envolve seus sentimentos. Vimos como a interpretação procede de uma avaliação. Nenhum saber pode substituir a apreciação pessoal e seria vão esconder o quanto o resultado de certas fases da análise depende da avaliação do analista.

Tal implicação não é imposta por nenhuma moral. O terapeuta sabe que ela faz parte de seu destino e que resulta de sua responsabilidade. A observação popular reparou que nos tratamos a nós mesmos como tratamos os outros. A função mediadora é única com efeito. O analista pode ver na sua maneira de reagir à transferência, o reflexo de sua atitude em relação a ele mesmo.

Pela mesma razão, o analisando tem a ver, seja qual for a técnica, com a anima ou o animus do analista. A interpretação, o gesto, o silêncio, até a decoração do consultório, são a voz desta parte secreta.

Não seria possível arriscar tal engajamento mútuo — mesmo quando não põe em causa, nada de excepcional — se não houvesse a eventualidade de um concurso positivo do inconsciente. Alguns sonhos comentam, corrigem, completam, reorientam a análise. A participação do analista é função da existência de processos inconscientes capazes de reparar, reorganizar e promover um crescimento.

O desafio de um par

Tínhamos saído da idéia de um espaço virgem e descobrimos a possível fecundidade de uma confusão.

Os dois se verificam, porque a transferência é ao mesmo tempo um espaço de projeção, o mais neutro possível, e um processo que começa pela própria existência desse espaço, isto é, da existência da relação.

> "O tratamento médico da transferência é uma rara e inestimável ocasião de operar a retirada das projeções, a igualação das perdas de substância e a integração da personalidade." (52, p. 78)

Jung considera que a transferência é essencial para a análise. Escrevia já em 1913:

> "Graças a seu sentimento pessoal, Freud foi capaz de descobrir a que se deve o efeito terapêutico da análise." (G. W. 4, § 427)

Trata-se da transferência. Ainda em 1929:

> "É um dos mais extraordinários sucessos de Freud, o ter explicado a natureza desse laço (a transferência), ou pelo menos seu aspecto biológico, e de ter assim permitido um progresso importante ao conhecimento psicológico." (G. W. 16, § 140)

Enfim, em sua última obra:

> "A questão central, o problema principal da psicoterapia médica, é o problema da transferência. Nisso, Freud e eu estávamos perfeitamente de acordo." (47, p. 248)

A referência a Freud é surpreendentemente insistente. Sugere que Jung situa seu conceito de transferência no prolongamento natural do de Freud. Faz suas, com efeito, as regras clássicas do comportamento do analista e conduz o trabalho analítico de tal maneira que seja possível usar sem dificuldades os conceitos e referências propostos por autores ligados a Freud.

Para uns e para outros, o papel do analista é ao mesmo tempo o de espelho e de parceiro. É a oportunidade de tomar conhecimento que o psiquismo é um envelope que nos envolve e veste o mundo. É o interlocutor de um diálogo onde se projeta o que somos e que ainda não sabíamos.

Jung acabou afirmando claramente que a relação psicoterapêutica baseia-se sobre o contágio psíquico.

> "Porque o paciente traz ao médico um conteúdo inconsciente atualmente ativo, o elemento inconsciente correspondente é igualmente ativado no médico... Assim, o médico e o paciente encontram-se ambos em uma relação apoiada sobre uma inconsciência comum." (52, p. 29)

Isso corresponde ao que foi chamado de contratransferência. Em conformidade com sua prática do inconsciente, Jung propõe não reprimir de nenhuma maneira esta zona turva, mas, pelo contrário, deixá-la falar (*geschehenlassen*). Ela é o ponto vivo do encontro. "Este é o estranho original e o conhecido original." (52, p. 160)

Seja qual for sua amplitude, a inconsciência comum é a origem e sede da relação. Para respeitar este fato, Jung afasta todo *a priori* metodológico e enuncia assim a observação fundamental.

> "Uma pessoa é um sistema psíquico tal como entra em uma relação recíproca com o sistema psíquico da pessoa que este afeta. Esta é talvez a formulação mais moderna da relação terapêutica entre um médico e seu paciente." (G. W. 16, § 1)

E chega até às últimas conseqüências:

> "Se eu quero tratar alguém psicologicamente, devo abandonar, para melhor ou pior, toda pretensão a uma sabedoria superior, toda autoridade e todo desejo de exercer influência. Devo entrar numa dialética que consiste em comparar o que compreendemos os dois.
> Desta maneira, seu sistema psíquico engata com o meu e age sobre ele; minha reação é então a única coisa que eu posso legitimamente, enquanto indivíduo, confrontar com meu paciente." (G. W. 16, § 2)

Essas frases assustam. O analista aparece tão desprovido e os riscos de confusão tão grandes. Ao aceitar esta realidade da relação, perdem-se as proteções que pacientes e terapeutas desejariam conservar. O analista é requisitado no seu próprio ser.

"Não é o diploma médico, mas a qualidade humana, o decisivo."
(21, pp. 58-59)

"O trabalho terapêutico requisita o homem inteiro." (52, p. 55)

O analista é questionado em sua capacidade de confrontar-se com o inconsciente.

> "Evidentemente, é preciso supor aqui que o médico está melhor situado para trazer para a consciência os conteúdos constelados, porque se não haveria um duplo cativeiro na mesma inconsciência." (52, p. 29)

Cabe ao analista instaurar o confronto através de uma atenção (*betrachten*) que enfoca e objetiva aquilo que sem ele, escorregaria ou que só seria retomado para ser julgado. Estabelece deste modo tensões no campo de consciência do analisando e entra num intercâmbio energético com ele, como se fossem dois sistemas interligados. Nos momentos difíceis, pode encontrar-se só, desempenhando o papel do eu e agüentando os conflitos.

Ao fim deste trabalho, a análise termina por si mesma. Ela tornou possível a ampliação do consciente, a consolidação do ego e uma certa regulação das pulsões. Ajudou o homem a adaptar-se aos outros e a si mesmo.

> "Se a projeção for suprimida, o laço negativo (ódio) ou positivo (amor) criado pela transferência pode desaparecer quase instantaneamente, de maneira que aparentemente não resta nada mais que a cortesia de uma relação profissional." (52, p. 96)

Na realidade, a análise não evolui sempre assim. Atola-se às vezes em reivindicações indefinidas, ou encrenca sem que se saiba por quê. O analista descobre então que não está mais lidando com a transferência das projeções, mas com uma transferência das faltas. Defronta-se com a urgência de uma separação e é como se analisando e analista supusessem que a relação analítica é capaz de consegui-la, pelo menos dentro de certos limites.

Acontece também que a transferência desenvolve um pedido de intimidade, tão impossível de reduzir quanto de satisfazer. O analista sabe que poderia chamar o analisando de volta à "realidade" do contrato, ou interpretar a transferência em termos de projeções infantis, mas pressente, neste caso, o perigo de uma racionalização. Algo de indeterminado e vital poderia ser ferido. O pedido parece expressar, através de formas mal adaptadas, a necessidade de cumprir uma tarefa ainda desconhecida. Enquanto que na realidade transtorna o curso normal da análise, dá a impressão de aproximar-se do essencial da transferência.

Numa inconsciência comum

Essas situações são difíceis. Para tentar esclarecê-las, é preciso interrogar-se mais profundamente sobre a natureza da relação analítica.

As duas dimensões estão ligadas; o processo original da transferência subjaz à retirada das projeções. Entretanto, aparecem várias dificuldades quando distinguimos mal uma e outra. Isso acontece quando analisando e analista são inconscientemente cúmplices para verem a repetição de desejos infantis no pedido interno da transferência; ou inversamente, para substituir à análise, um grande projeto de transformação, que permanece no imaginário. Por outro lado, aquele que conhece as duas dimensões percebe melhor a orientação da relação analítica, o que poderíamos chamar sua intencionalidade atual. Sabe então se o analisando está engajado em tomadas de consciência que precisam, antes de mais nada, de neutralidade, distância e frustração, ou se chegou o momento de uma agitação mais profunda, em uma relação "dialética". (G. W. 16, § 1.º)

Era importante para Jung estabelecer a diferença e chamar a atenção sobre a realidade e a natureza da transferência como processo, pois ninguém antes dele a tinha analisado assim. A transferência torna-se neurose quando lhe é recusado ser uma história.

Para caracterizar a diferença entre transferência-trabalho sobre as projeções e a transferência-processo de transformação, Jung escreve, por exemplo, a propósito de uma paciente:

> "A relação pessoal comigo, parecia haver cessado: a série de pinturas mostra um processo impessoal natural." (G. W. 9/1, § 531)

De que se trata? A inconsciência comum onde se ata a relação analítica instaura um casal. Não um casal exógamo, célula de base das sociedades, mas um casal endógamo.

A exogamia regula as relações conscientes do analisando e do analista, mas a libido de parentesco, tão fortemente reprimida hoje, penetra violentamente em suas relações inconscientes. Tende a organizá-las segundo um modelo que lhe é próprio e que as civilizações antigas conhecem: a Hierogamia, ou casamento-prostituição-sagrado. A Hierogamia era a contrapartida do casamento legal, como se a força que forma os casais precisasse realizar-se em uma e outra forma.

Sob a aparência da maior neutralidade, o casal analítico aproxima pessoas que têm entre elas uma conivência secreta: o mesmo gosto pelo psíquico, suas perturbações e seus recursos. Que família! e que incesto!

Jung reconhece claramente que a relação analítica está fundada sobre o incesto. Diferentemente daqueles que pressentem esta realidade, mas obstinam-se em destruí-la em nome da proibição, Jung aceita-a tal qual se apresenta buscando-lhe o significado e o alcance.

Vê no incesto um estado de origem, o momento em que a diferença entre o homem e a mulher é ainda instável e corre o risco de reabsorver-se na união que os atrai. É vital impedir esta regressão. A maturação ulterior depende da capacidade de proibi-la. Mas, por outro lado, a tendência ao incesto tira suas forças de seu desígnio: trazer o consciente de volta para suas fontes inconscientes.

Quando escreve sobre a transferência, Jung já se confronta há muito tempo com o paradoxo do incesto. Sabe que os dinamismos inconscientes não são somente a repercussão da formação do psiquismo mas que também são sua origem, e que o incesto simboliza pela união no parentesco, as condições problemáticas da conjunção do sujeito com sua origem antiga e atual. Como ligar-se a esses dinamismos, sem cair na inconsciência, isto é, sem ficar possuído? Eis o desafio.

O que acontece quando se impede que o desejo de incesto se efetue concretamente e que entretanto se reconheça a realidade e o valor daquilo que o anima?

O processo

Jung descobre em um texto alquímico, o "Rosário dos Filósofos", uma série de gravuras que ilustram a história de um casal incestuoso. Vê ali, mais do que uma alegoria, a projeção do que acontece entre os inconscientes do analista e do analisando. Comenta as gravuras nesse sentido e escreve: *Psicologia da Transferência* (1946).

A primeira imagem não é do casal, mas de uma pia cheia de água e uma fonte de onde a água também corre. É o desafio. Que não haja nem seca nem inundação, mas que a água da fonte corra e seja contida também.

Agora o casal: sol e lua, rei e rainha, irmão e irmã, unidos pela mão esquerda. Não representam o analista e o analisando, que por certo, podem ser do mesmo sexo, mas sim, o cruzamento de suas relações inconscientes. Dizíamos que o analisando encontra a função mediadora de seu analista. Ela é feminina no homem, masculina na mulher. O analisando, por sua vez, aborda-a com sua própria dualidade sexual. Assim são possíveis múltiplas relações, que a clínica aprende a reconhecer. Estas comandam e muito, a escolha do analista, porque a intensidade da transferência e as possibilidades de lidar com ela diferem segundo se o analista é ou não do mesmo sexo que o analisando, e até, no primeiro caso, segundo se o analista é homem ou mulher.

Jung não modula seu comentário em função das variações do trabalho clínico. Apresenta a estrutura do processo e deixa ao leitor o trabalho de detectá-la nas formas individuais.

Terceira e Quarta Imagens: o rei e a rainha retiraram as roupagens de suas relações convencionais, estão nus e até — oh! humor — molhados juntos na fonte. Progressivamente, o analisando tinha descoberto suas sombras diante do analista, enquanto este encobria as suas. Um dia, comete uma falta; um erro, um esquecimento, um lapso, uma ação desajeitada... pouca coisa talvez, mas sua sombra aparece. É o momento da verdade. Será que o analista vai ajeitar sua roupa e mandar o analisando de volta para ele mesmo? Como é que este vai suportar expor-se diante de um homem e não mais um técnico ou um deus? Muitos analisandos param aqui. Alguns voltam ao modo antigo como se nada tivesse acontecido, ou censuram o analista por sua imperfeição e o abandonam. Outros sentem-se liberados de uma projeção que os paralisava: o analista não é mais "Aquele que sabe"; levam para fora da análise sua capacidade totalmente nova de relação verdadeira.

Àqueles que o inconsciente não deixa em paz, a imagem seguinte mostra um coito. Algumas versões atribuem asas aos dois protagonistas para afastar qualquer fantasia concretista e sublinhar o caráter psíquico da união. Aceitaram engajar-se juntos, por razões diferentes e segundo a verdade de cada um, na aventura de tornar-se conscientes.

O eros anima a relação, mas a proibição mata-a. Com efeito, chega a morte (6.ª gravura). O que havia podido parecer gratificante ao analisando, agora o lacera.

A compreensão, a sinceridade, o não recorrer a técnicas de proteção transformam-se em feridas abertas e insuportáveis. O conflito é tanto mais profundo, a falta tanto mais torturante, quanto uma realização total parece estar ali, ao alcance da mão.

Começou o longo tempo da depressão e purificação. A gravura 7 mostra uma alma alçando vôo; a depressão, como a morte, é uma perda de alma. Os protagonistas são agora um corpo só com duas cabeças, como um envelope vazio deitado num túmulo. O analista sabe o quanto participa, durante este período, da pena, do vazio, da falta de sentido que o analisando sofre. É como se fossem um só corpo, a ponto de encontrar-se às vezes sem forças, no fim de uma sessão. A análise é um túmulo onde se liberam a angústia e o desejo de morte. Muitas vezes descarregam contra o analista, acusado de ser responsável por este estado de coisas.

Jung salienta a importância de tomar o cuidado necessário para que o analisando disponha de alguns pontos de referência para compreender o que vive. Sem conceitos de apercepção, isto é, sem categorias para receber o acontecimento, a integração é impossível.

79

As passagens iniciáticas pela morte, eram sempre acompanhadas de um discurso que revelava seu sentido.

Tal ensinamento é necessário, mas perigoso. Oferece, muito mais sutilmente que passando ao ato sexual, a oportunidade de restabelecer uma fusão intelectual ou espiritual, e assim de voltar atrás.

Na nona figura, o túmulo está aberto, um ser andrógino está deitado dentro dele e uma pequena silhueta humana desce em sua direção. O alento volta.

A mitologia do andrógino projeta uma realidade psíquica simples, numa imagem duvidosa. Significa que o analisando encontra em si próprio o que até então buscava em um parceiro externo, do outro sexo. O incesto abriu-se e deu fruto. A relação com o inconsciente passa pela relação com o parceiro interior.

Animus para a mulher, Anima para o homem combinam o Mesmo e o Outro. São a mediação nas diferenças radicais interiores e exteriores.

Agora a transferência esgotou o que se constelava nela. A relação com o inconsciente continua, diz Jung, com a prática da imaginação ativa. O outro humano começa a ser visto em sua singularidade. A relação com ele torna-se sexuada.

Nascimento de uma capacidade simbólica

A última figura é a de um novo nascimento. O andrógino com duas coroas alça-se vitorioso sobre um crescente lunar enquanto a seu lado cresce a árvore do desenvolvimento humano. É provavelmente a ilustração que menos se afina com o processo analítico. Os alquimistas não podiam, em sua época, projetar aquilo com que estamos às voltas hoje.

No período de morte, o conflito que opunha as exigências conscientes e inconscientes, separou progressivamente o ego da anima ou do animus. Colocava ao mesmo tempo o ego, no estado de não mais saber de nada e de não mais liderar o jogo. O ego só podia agüentar e interrogar-se sobre o fim da história: o dinamismo inconsciente que havia sustentado o processo até então, poderia levá-lo até ao fim?

Quando volta a vida, ela comporta um elemento novo. O dinamismo que sustentou o processo ficou capaz de simbolizar-se. Representa-se ao consciente sob formas que Jung considera como a fenomenologia do *self*, e assim o eu pode ligar-se a ele. O sujeito, que se constitui na relação do eu o do *self*, dispõe de uma função simbólica nova, ligada à possibilidade de apreender o objeto, seja a partir de um centro consciente, ou a partir de um centro inconsciente. É a conjunção dos opostos na qual Jung vê o princípio da humanização.

Tu

A descrição junguiana da evolução humana é um erótico. A relação com o inconsciente, a relação do eu e do não eu, a conjunção dos opostos, acontecem entre o homem e a mulher.

> "Considerado dessa maneira, o laço da transferência, por mais difícil de suportar e compreender que pareça, é de uma importância vital, não só para o indivíduo, mas também para a sociedade... este trabalho acontece num campo em que o numen só imigrou há pouco, e onde se transformou todo o peso da problemática humana." (52, p. 97)

Ao descobrir a conjunção dos opostos e a existência do si mesmo, Jung dedicou-se sobretudo a discernir sua natureza e detectar seus caminhos. Escreveu pouco sobre as relações objetais, mas denuncia a ilusão de separar o confronto com o inconsciente e a relação com o outro humano. Afirma que aquele que se isola não pode ser inteiro.

> "A realização consciente da unidade interior é inseparável da relação humana, que lhe é condição indispensável, pois sem ligação conscientemente reconhecida e aceita com o próximo, não é possível a síntese da personalidade." (43, p. 95)

> "O homem que não está religado, não possui totalidade... a totalidade consiste na combinação do eu e do tu." (52, p. 107)

SEGUNDA PARTE

REFLEXÃO SOBRE A RELAÇÃO CONSCIENTE-INCONSCIENTE

I

Epistemologia

Acabamos de traçar, na Primeira Parte, as grandes linhas de uma prática do inconsciente. Fundamenta-se no fato de que os fenômenos psíquicos acontecem ao sujeito na maioria das vezes, independentemente de sua vontade e compreensão; ele só pode então objetivá-los, explica-se com eles e tomar posição. A partir daí, produzem-se mudanças. Observando-os, chega-se a um conhecimento prático com seus modos de fazer, seus pontos de referência, seu conhecimento do confronto.

Podemos ficar por aí? É preciso ainda examinar esta prática do inconsciente e perguntar-se:

1) se ela é capaz de dar conta de si mesma,

2) como contribui para um conhecimento dos fenômenos com que lida. Estas duas perguntas serão o objeto desta Segunda Parte.

Para responder à primeira, a prática junguiana deve formular seus pressupostos epistemológicos e seu projeto terapêutico. Este será o tema do primeiro e do último capítulo, respectivamente.

Valor operativo do conceito

Jung esforçou-se por explicitar ao longo de sua trajetória, a epistemologia em que se apóia. Parece nem sempre ter sido compreendido. Talvez sua capacidade de juntar pontos de vista aparentemente contraditórios, provocasse confusão em seus contemporâneos.

Quanto aos conceitos usados em psicologia, Jung considera-os como sendo fenômenos psíquicos. Não podem ser tratados somente em função de seu conteúdo. A significação que veiculam não pode ser separada do papel que lhes fazemos desempenhar. É este papel, que Jung examina em primeiro lugar.

"No momento em que fazemos idéia de uma coisa, conseguimos compreender um de seus aspectos, e sucumbimos regularmente à ilusão de ter captado o todo. É verdade que esta ilusão oferece tranqüilidade e paz para a alma: o desconhecido é nomeado, o que está longe é feito próximo, de tal maneira que podemos tocá-lo com a mão. Tomamos posse dele e este tornou-se propriedade inalienável, como a caça abatida que não pode mais fugir." (49, pp. 478-479)

Jung não acha que os conceitos se apoderam do objeto e o representam, considera-os na realidade como ferramentas destinadas a trabalhar a realidade. Escreve no *Ensaio de uma Apresentação da Teoria Psicanalítica* (1913):

"Adotei como fio condutor, a regra pragmática de W. James: é preciso destacar o valor prático imediato de cada palavra e pô-lo em ação no curso da nossa experiência. A palavra aparece então menos como uma solução do que como um programa para mais trabalho, e mais particularmente como uma indicação sobre a maneira por que as realidades existentes podem ser mudadas. As teorias tornam-se assim instrumentos, e não respostas sobre as quais podemos descansar." (G. W. 4, p. 110)

Os conceitos que Jung formará mais tarde não reduzem seu objeto a uma transcrição unívica. Incluem em seu significado o tempo, e a relação com o outro.

O conceito de animus significa por exemplo:

1) a "posição" a partir da qual discernimos o que depois será definido como animus;

2) "dinamismos" ligados ao desejo e que organizam ao mesmo tempo o pensamento e a afirmação da mulher;

3) "representações" e "comportamentos" característicos do registro simbólico do masculino, numa dada sociedade;

4) uma "função" de mediação com o inconsciente;

5) as "transformações" de todo este conjunto; com efeito o animus não é o mesmo quando se confunde com os imagos parentais, quando começa a diferenciar-se delas mas ainda domina o consciente, ou quando separa-se do ego e está em relação com ele.

Falar do animus é a maneira de trazer o fenômeno para o campo da consciência. O conceito é capaz disso na medida em que não é uma abstração mas sim o conceito de uma experiência.

De que experiência?

A experiência de que se trata não satisfaz o postulado positivista. Não é um "Experimento", experimentação de um observado por um observador; é uma *Erfahrung*, vivência em que observado e observador são a mesma pessoa.

Jung denomina "empírica" a vivência de interação entre o sujeito e o que lhe acontece. Dissemos como essa vivência se conscientiza segundo um processo definido por três verbos. Não podemos referir-nos a Jung sem partir daí. Essa experiência é condição para todo o resto.

> "Não posso dizer nada que seja convincente, àquele que não passou por essa experiência." (44, pp. 208-209)

> "Ninguém pode compreender realmente estes dados, enquanto não os vivenciar pessoalmente." (44, p. 230)

Está na continuidade lógica do princípio proposto por Jung quando presidente da Associação Psicanalítica Internacional (1911): ninguém pode ser analista, se não foi analisado.

A razão para isso é que não pode haver, em psicologia, um observador externo. Jung está convencido disso, e mantém uma posição rigorosamente fenomenista.

> "Todo processo psíquico consiste numa imagem e num ser que está imaginando, senão nenhuma consciência poderia existir e o evento não teria fenomenalidade. Também a imaginação é um processo psíquico, e por isso é completamente fora de propósito perguntar-se se a iluminação (o satori por exemplo) é 'real' ou 'imaginária'." (G. W. 11, § 889)

Fica assim definido o campo da percepção endopsíquica, fora do qual o homem não pode ter opinião sobre o psiquismo.

Diferentemente dos fenomenologistas, Jung não é filósofo, é terapeuta. Para ele, o fenômeno é essencialmente aquilo que opera. "É real, aquilo que age."

A ação não está no vago. Produz-se em um campo de consciência e em relação a alguém. A experiência supõe um sujeito, e ao mesmo tempo contribui para criá-lo.

> "Só reconheço como sendo real, aquilo que age sobre mim. O que não age sobre mim é como se não existisse." (43, p. 238)

Entre estes fenômenos, alguns parecem mais ou menos autônomos, mais ou menos estranhos. Parecem então vir de organizações e de centros de ação desconhecidos. Assim, no empírico, acontece uma intencionalidade que transcende o consciente atual e remete alhures.

O que se sabe desse alhures? É inacessível em si, mas podemos comparar entre eles os múltiplos signos de sua ação. A experiência psíquica não é só solitária, é também coletiva. O jogo dos dinamismos psíquicos provoca tomadas de consciência extremamente variáveis de um sujeito para outro, mas as formas, pelo contrário, repetem-se. Reencontramos, assim, no passado da humanidade, em seus rituais, suas crenças e seus modos de vida, seqüências significativas ainda ativas hoje em tal ou qual indivíduo. É possível distinguir a partir daí, o que seria pessoal e o que seria comum.

Jung supõe que o alhures para onde um fenômeno individual remete, é o desconhecido que se manifesta nas formas coletivas.

Seu pensamento desenvolve-se então em dois tempos, segundo duas epistemologias diferentes. A primeira situa-se na vivência do confronto e leva a formular suas condições, categorias e pontos de referência. A segunda sustenta o vai e vem das comparações entre materiais coletivos da história humana e a experiência individual. Conduz a hipóteses sobre as organizações conscientes e inconscientes assim como sobre a evolução de suas relações.

Contrariamente ao que se diz às vezes, esta segunda maneira não tem a ver com a hermenêutica. A comparação faz parte da explicação pessoal com aquilo que acontece. É uma operação vital. Mesmo o coletivo está carregado de emoção, de poder, de sentido e de contrasenso, para o sujeito. Ele age. É por isso que não se trata de produzir o cultural mas confrontar-se como sujeito com as representações coletivas e com o inconsciente que fala nelas.

> "Esta teoria é uma forma de existência, que faz parte da minha vida." (47, p. 371)

A teoria em si, não tem valor definitivo.

> "Uma verdade científica é para mim, uma hipótese momentaneamente satisfatória." (47, p. 178)

Entretanto não é somente uma ficção. No limite, ela faz viver ou morrer. Não se pensa impunemente. Para Jung, a teoria é símbolo.

Assim, a teoria do inconsciente coletivo, que examinaremos nos capítulos seguintes, é — ao mesmo tempo — a formalização de uma experiência e o princípio de outra. Reconhece uma espécie de consistência à autonomia dos fenômenos psíquicos e instaura uma polaridade nova no campo da percepção endopsíquica. Não seria o sujeito quem advém ao inconsciente? Jung não hesita em encarar ambos os pontos de vista em numerosos textos. Por exemplo:

> "... quando levamos esta confrontação a sério, ou quando se é levado a sério pelos próprios contrários..." (47, p. 381)

O fato de assumir um ou outro ponto de vista não é um jogo mental. A afetividade engaja-se segundo duas intencionalidades contrárias, a empírica e a transcendente. Estas duas intencionalidades caracterizam juntas a experiência que relatamos. A totalidade de que Jung fala, é a possibilidade de viver os fenômenos psíquicos, seja em função de um centro consciente, seja em função de um centro inconsciente.

O que é que isso significa para o sujeito?

Os dois espelhos

> "Da essência das coisas e da existência, ignoramos tudo no absoluto, mas ao estarmos vivos, vivemos a experiência das diferentes eficácias que agem sobre nós: graças a nossos sentidos quando vêm de fora, graças a nossa imaginação quando vêm de dentro." (44, p. 245)

O consciente dispõe de dois espelhos. Os sonhos, as fantasias, as orientações interiores, o inconsciente do corpo, reagem ao que poderia parecer realidade segundo os critérios do mundo concreto. Reciprocamente, as necessidades do corpo, os outros, a sociedade, julgam as fantasias, os desejos, os sonhos e os pensamentos. A psicanálise faz passar as representações ditas internas pela prova das pulsões, das relações de objeto e das exigências do princípio de realidade. Mas este não é um absoluto e a psicanálise cairia na armadilha do racionalismo se ela quisesse "fazer derivar o interior do exterior". (49, p. 120)

Jung recusa-se a medir o inconsciente com a vara da relação objetal. Considera o mundo externo e o mundo interno como opostos engajados nas sucessivas fases da diferenciação, e mostra que o sujeito constitui-se aí em um duplo confronto. Longe de tratar o concreto como o sujeito e os mundos objetivos (exterior e interior) formam-se reciprocamente.

Cada um dos sistemas tem suas leis e sua dinâmica. Cada um reage, tria, julga, analisa o que vem do outro. Se aceitamos a realidade destes dois espelhos, não pode mais haver identificação unilateral a um ou outro ponto de vista. A vitalidade do sujeito mede-se em função de sua capacidade de manter perspectivas contrárias, juntas.

> "A incompatibilidade do indivíduo com o mundo interior tem conseqüências tão nefastas quanto o desconhecimento e a falta de aptidão com o mundo externo." (11, p. 175)

O duplo espelho é entretanto mais que uma adaptação a exigências opostas; é uma dupla informação que age sobre o sujeito e provoca sua transformação.

O que nós chamamos sujeito é primeiro o eu, face a um conjunto interno-externo pouco diferenciado, para o qual Jung diz que "tudo o que é inconsciente é projetado". (13, p. 248)

"Poderíamos definir o eu consciente... como o espelho de Schopenhauer em que o inconsciente vê seu próprio rosto. Todos os mundos primitivos estavam fisicamente presentes antes do homem. Eram um acontecimento não nomeado, mas não um ser determinado, pois faltava-lhes o mínimo de concentração do elemento psíquico que se expressa em uma palavra tão importante quanto a criação: 'Eis o mundo e eis-me aqui.' Foi o primeiro dia do mundo... quando esse complexo capaz de consciência, o eu, reconheceu e discriminou o sujeito e o objeto e conseguiu assim para si próprio o ser determinado." (53, pp. 150-51)

Para além desse primeiro dia, a história continua. A diferenciação do externo e do interno, resultante da consciência de si mesmo, envolve cada vez mais o ego em conflitos — até que se destaca um outro ponto de vista, como um outro centro, a partir do qual o sujeito acaba de constituir-se.

"O *self* é um espelho." (49, p. 307)

Outra avaliação, outros projetos, outra visão do mundo acontecem a partir daí. É uma das principais aportações de Jung para a psicanálise, o ter reconhecido a existência desse centro inconsciente.

"A psique não pode nunca conhecer nada além dela mesma, mas no seu interior podem encontrar-se dois estranhos. É claro que nunca saberão o que são, mas como se aparecem mutuamente." (42, p. 45)

História

Cada pólo da vida psíquica elabora, leva em conta, refere. Cada afirmação deve passar pela prova do oposto.

"Ao nível de uma reflexão crítica, não resta nada de uma verdade absoluta." (44, p. 245)

"Tudo é transição." (47, p. 399)

Entretanto, o sujeito é ponto de confronto. Propõe-se com ele a questão da integração. Ata em si próprio e com os outros aquilo que de outro modo não seria mais que um ciclo indefinido. Através dele, porque é um corpo e morre, o movimento torna-se história.

"Somente a história decide. A verdade não é eterna, é um programa. Mais a verdade é 'eterna' menos vida e valor ela tem: não nos diz mais nada porque já é evidente." (18, p. 61)

E a psicologia vai agora tornar-se historiadora? Curiosamente não. Poderíamos dizer que, para Jung, tudo é histórico, mas que não há em sua obra um discurso sobre a história. Atribui importância determinante ao "processo psíquico vivo" e entretanto não propõe uma teoria genética. Isto é devido a que seu ponto de vista é o de um analista. Não se coloca em uma situação externa. Se percebe o passado ou as tendências para o futuro, é em função da história que está se fazendo.

Quando insiste na necessidade de uma volta às origens, esclarece que trata-se da imago. Mesmo o pré-natal concerne à imago e não o estado que existiu no passado. Paralelamente, a finalidade é uma intencionalidade do presente, e não o fim de um objetivo preestabelecido.

Este hábito de apreender os fenômenos psíquicos no presente é tão forte que levou Jung a pensar que "as formas da organização psíquica são atos criativos no tempo". (G. W. 8, § 965)

No âmbito da análise, trata-se de reencontrar o tempo próprio de cada um e ajudá-lo a vir-a-ser, segundo seu próprio ritmo, sem privilegiar nem uma nem outra dimensão.

O ponto de vista energético

Jung dá o nome de libido à energia psíquica, para diferenciá-la dos outros tipos de energia, mas recusa-se a defini-la dando-lhe um qualificativo que a ligaria a um plano de simbolização específico.

> "Libido deve ser o nome da energia que se manifesta no processo de vida e que é percebida subjetivamente enquanto aspiração ou desejo." (G. W. 4, § 282)

A — Forma e energia são recíprocas; por isso não podemos definir a energia por uma de suas formas, mesmo privilegiada.

Em geral, imaginamos, que a idéia, a imagem, o comportamento tomam forma em função de fatores já existentes e que esta forma desenvolve uma ação. A energia seria a qualidade da forma. É o esquema mecanicista. Ora, na realidade aparece outro modelo na prática do inconsciente. Todo fato psíquico pertence a um contexto e a uma história. Deles é um momento. Sua forma é também seu papel, isto é, o aspecto que a energia do sistema assume. A mandala, por exemplo, tanto é a figura de uma ação como a ação de uma figura. Só se diferenciam pelo modo como se considera o fenômeno global.

> "Libido não é mais que uma expressão abreviada para dizer, modo de consideração energético." (28, p. 51)

Vimos (1.ª Parte, Capítulo 4), como a reciprocidade da forma e da energia apoiavam-se e justificavam-se pela dialetização própria à energia. Deveria ser em psicanálise, a contrapartida do trabalho sobre os significantes.

B — Ao falar de energia, é difícil impedir que a imaginação modele algo: fluxo, *élan*, força. Sabemos entretanto que a energia não é um potencial mas uma diferença.

Jung adota firmemente esta posição. Ilustra-a formulando a lei da compensação e interpreta os sonhos nessa perspectiva. Para ele, os fenômenos psíquicos acontecem uns em função dos outros. Sua intensidade e impacto dependem de suas polaridades. As tensões entre o sujeito e os espelhos opostos, entre as intencionalidades que se contrariam no presente, entre os sujeitos como também entre os diferentes tempos, mostram como o psiquismo constitui-se e desenvolve-se em um campo com múltiplas diferenças de potencial.

Diferentemente da imaginação vitalista, Jung não hipostasia a libido como força motriz de evolução. Entregue a si própria, a libido seria provavelmente estacionária ou espasmódica. É preciso o olhar do ego, seu questionamento, o apoio de suas exigências, para que aconteçam as diferenciações.

C — "Não sabemos o que está na base do processo (libidinal) como tampouco sabemos o que é a própria psique." (23, p. 224) Mas não dá na mesma, assumir ou não o ponto de vista energético para abordar o psiquismo. A escolha depende do ego e dirige o desenvolvimento da análise.

A atenção segue então de preferência o deslizar, as transformações, os processos. Focaliza as disjunções, separações, assimilações, como também o que leva a conflitos e que é deixado na sombra. As relações aparecem, e com elas os entrelaçamentos de tensões nos quais o que acontece inscreve-se e se interpreta. Reconhece-se ali a origem de uma parte importante das categorias junguianas e do vocabulário em que se expressam.

O valor de vida (Lebenswert)

> "O homem desperta em um mundo que desconhece e por isso busca interpelá-lo... dar-lhe sentido." (49, p. 47)

"As teorias científicas não fazem mais do que propor" a este homem que não há razão para escolher este ou aquele apoio, "como poderia considerar (*betrachten*) as coisas". (G. W. 4 § 241)

Onde pode contentar-se em ser observador, o sujeito refere-se a critérios fora de si, mas o que fará em psicologia onde ele próprio é o implicado?

> "O que é decisivo... é só e unicamente o valor de vida descoberto pelo paciente e o fato de sentir nele uma solução." (G. W. 14/2, § 365)

> "Somente a vida de cada um é que pode decidir. Não há critério abstrato." (50, p. 27, nota 4)

Jung nunca deixa de ser terapeuta. Seu critério máximo é o "valor de vida", tal como cada um o valora para si mesmo. Assim Jung integra sua teoria e prática da saúde. Considera então a teoria como um símbolo que sugere e até impõe, uma atitude perante a vida; e pergunta-se qual será seu efeito sobre aquele que a assume.

Não chegaríamos a um subjetivismo radical, que abandona cada um a suas ilusões desde que lhe convenha? Não, pois pressuporia o Fim da História.

Aqui também, Jung assume firmemente duas posições diferentes. De um lado, o único critério é realmente a vida de cada um, e por outro, esta vida não se limita a suas opiniões e humores conscientes, mas é envolvida e desempenha um papel em uma dinâmica de conjunto, que a atormenta, a critica e o persegue, através de fatos externos e do inconsciente.

II

Arquétipos

A idéia de arquétipo deu lugar a muitos malentendidos tanto entre os seguidores de Jung como entre os que o criticam. O perigo reside com efeito em deter-se em tal ou qual formulação e não seguir até ao fim uma elaboração que foi progressiva e difícil.

Sistemas herdados

Desde 1910 Jung afasta a idéia que o psiquismo começaria a formar-se só a partir do nascimento.

> "O ser humano possui muitas coisas que nunca adquiriu por si mesmo, mas que herdou de seus ancestrais. Não nasce tábula rasa mas simplesmente inconsciente. Traz ao nascer sistemas organizados especificamente humanos e prontos a funcionar, que deve aos milhares de anos da evolução humana... ao nascer, o homem traz o desenho fundamental de seu ser, não só de sua natureza individual mas também de sua natureza coletiva. Os sistemas herdados correspondem às situações humanas que prevalecem desde os tempos mais antigos, o que significa que há juventude e velhice, nascimento e morte, filhos e filhas, pais e mães, há acasalamento... etc. A consciência individual vive estes diversos fatores pela primeira vez. Para o sistema corporal e para o inconsciente, não é novidade." (42, pp. 230-231)

O termo arquétipo ainda não é utilizado, mas a idéia básica já está presente: o psiquismo comporta disposições inconscientes que tornam possível a existência humana e a organizam. São condições *a priori* da experiência atual e constituíram-se progressivamente ao longo da história.

Imagens originais (Urbilder)

Para conhecer e analisar estas disposições inconscientes, Jung seguiu a via das imagens. (49, p. 523)

95

Ao escutar as imaginações espontâneas e os sonhos de seus pacientes, chamou-lhe a atenção encontrar figuras, situações e cenas que não só se repetem em vários sonhadores, mas também são encontradas nos contos de fadas, mitos e narrativas pertencentes a diferentes culturas:

> "É preciso constatar que existem temas, isto é figuras típicas, cujo rastro podemos encontrar na história e até na pré-história... Parecem-me pertencer de maneira absoluta aos fatores estruturais do inconsciente humano. Se não, não saberia explicar sua presença universal e idêntica a si mesma." (21, p. 250)

> "É o modo de pensar primitivo e analógico, vivo ainda em nossos sonhos, que nos restitui essas imagens ancestrais." (44, p. 52)

Já em 1911-1912, quando escreve *Metamorfoses da Libido*, Jung compara diferentes mitos do herói com as fantasias e a vida de uma paciente de Flournoy, Miss Miller. Esta aproximação esclarece os processos inconscientes que levam ao sacrifício e ao incesto. Denomina então imagem original ou primordial (*Urbild*) o esquema comum a um conjunto de representações coletivas e individuais.

Dirá mais tarde, com uma certa veemência, que seu objetivo é terapêutico e não hermenêutico.

> "É inevitável que o mitologema seja trazido, secundariamente, a uma certa iluminação sob a relação de seu conteúdo. Isso não quer dizer que o objetivo da investigação seja a interpretação do mitologema. Mas é precisamente a esse respeito que reina o preconcetio que quer fazer da psicologia dos processos ditos inconscientes, uma espécie de filosofia destinada a explicar os mitologemas." (49, p. 556)

De fato, Jung é especialmente sensível às imagens e constata que as dificuldades psíquicas de seus pacientes desaparecem, ou pelo menos atenuam-se, quando faz com que as compreendam e sintam. Durante vários anos, tendeu a não ir mais longe em sua reflexão teórica.

Quando propõe pela primeira vez em 1919 em *Instinto e Inconsciente* (28, pp. 94-105) o conceito de arquétipo, escolhe um termo que tem muito mais conotação de modelo do que de processo. Toma-o de Santo Agostinho, para quem essa palavra significa "uma espécie de marca, um grupo definido e arcaico de motivos mitológicos". (G. W. 18, § 80) Em francês, arquétipo significa de acordo com o dicionário Petit Robert: "Tipo primordial ou ideal — original que serve de modelo — padrão, exemplar." A palavra orienta para uma concepção fixista, normativa, e serve muito mal para o sentido que Jung lhe dará.

A imagem traça o caminho (Bahnung)

Com efeito, observa que imagem não só impressiona, mas que também orienta a ação. Os sonhos e fantasias preparam os comportamentos, mesmo quando o sujeito não está consciente disso, como os mitos propunham, no passado, respostas às principais situações da vida.

A imagem não é então uma representação bi-dimensional como um *poster*. Ela é "uma forma funcional" e "este termo não expressa só a forma de atividade a ser exercida, mas ao mesmo tempo a situação típica em que a atividade se põe em movimento". (49, p. 93)

Jung compara certas representações à "forma representativa de caráter numinoso que obriga a borboleta Yucca a exercer sua ação fecundante sobre a flor de mesmo nome". (41, p. 100)

Desta vez, a imagem é considerada muito mais por sua ação que pelos elementos representativos que a compõem. A idéia de arquétipo aproxima-se da idéia de instinto.

> "Em toda a situação de pânico, seja externa, seja interna, os arquétipos entram em ação permitindo ao sujeito reagir de modo instintivamente adaptado, exatamente como se já conhecesse a situação: reage como a humanidade sempre reagiu." (G. W. 18, § 368)

Das representações às potencialidades

Há outro fator que também faz evoluir o pensamento de Jung. Com efeito, tropeça logo na questão da transmissão das imagens originais. Se estes esquemas fundamentais de representação agem sempre e por toda a parte, e se é impensável que cada um os invente novamente, como é que se transmitem?

Jung estima que a transmissão pela cultura e pela educação não basta para explicar o que observa.

> "Observaram-se mitologemas típicos no caso de indivíduos nos quais era preciso excluir conhecimentos esquecidos e que eram até incapazes de deduzi-los imediatamente de conceitos religiosos conhecidos ou de figuras tomadas à linguagem usual. Tais resultados obrigam a supor que se tratava de recriações 'autóctones' independentes de qualquer tradição e, por conseguinte, a admitir a existência de elementos constitutivos 'mitógenos' do psiquismo inconsciente." (19, p. 128)

Afasta a hipótese do inato. Seus conhecimentos de antropologia proíbem-lhe, com efeito, supor uma transmissão hereditária das representações. Entretanto, sua reflexão o leva a afirmar já em 1921:

"A imagem primordial é um sedimento mnêmico, um engrama."
(11, p. 434 ss)

"Os arquétipos são de certo modo os fundamentos, profundamente escondidos, da psique consciente... herdamo-los com a estrutura do cérebro." (39, p. 4)

Como manter simultaneamente que as representações não são inatas e a inscrição biológica das imagens é original? Jung hesita até que uma comparação com a gênese do comportamento animal, venha em seu auxílio.

"Não passa pela cabeça de nenhum biólogo admitir que cada indivíduo adquire novamente a cada vez, seu modo geral de comportamento. É muito mais verossímil que o pássaro tecelão jovem, constrói seu ninho característico porque é um pássaro tecelão e não um coelho. Também é bastante verossímil que o ser humano nasça com seu modo específico, humano, de comportamento e não com o do hipopótamo ou mesmo sem nada deste gênero." (49, p. 555)

A psicologia pode então inspirar-se do modo como a biologia apresenta o problema: não são as representações as transmitidas, mas sim estruturas de onde viriam as representações. Jung define então os arquétipos como "estruturas congênitas".

Pattern of behaviour

Mesmo se esta idéia de estrutura é mais satisfatória, precisamos perguntar-nos em que consiste. Ora, Jung encontra lá por 1938, uma noção que lhe parece capaz de precisar a natureza das estruturas congênitas, a de *pattern of behaviour* (esquema de comportamento). Toma-a aos biólogos e continuará a utilizá-la até nas suas últimas obras, apesar de sua reflexão ter evoluído para mais além.

Na versão de 1946 das *Lições sobre Psicologia Analítica e Educação*, o conceito de *pattern of behaviour* permite-lhe retomar e explicitar a afirmação de 1910 sobre os sistemas herdados:

"Os sistemas herdados correspondem às situações humanas que prevalecem desde tempos imemoriais... Dei a este protótipo, congênito e preexistente, no instinto, esse *pattern of behaviour*, o nome de arquétipo." (42, p. 231)

e em um texto que pertence à versão de 1952 das *Metamorfoses*, escreve:

"Não se trata de representações herdadas, mas de uma disposição inata para formar representações análogas, isto é estruturas universais idênticas da psique, que mais tarde chamei de inconsciente coletivo. Denominei arquétipo, essas estruturas. Elas correspondem ao conceito biológico de *pattern of behaviour*." (23, p. 274)

Imagens arquetípicas e arquétipos

Seguindo a lógica dessa idéia, Jung é levado a diferenciar a imagem arquetípica e o arquétipo. O *pattern* transmite-se geneticamente e são as circunstâncias que vão encarnar a imagem. A este nível, a cultura tem papel determinante.

Em 1946, no seu *Reflexões Teóricas sobre a Natureza do Psiquismo* chega a uma formulação decisiva.

> "As representações arquetípicas que o inconsciente nos transmite não devem ser confundidas com o arquétipo em si. São formações extremamente variadas que fazem referência a uma forma fundamental não representável em si mesma. A essência do arquétipo propriamente dita, não é suscetível de consciência." (49, p. 538)

> "Qualquer coisa que se possa dizer sobre o arquétipo, serão sempre ilustrações ou concretizações pertencentes à consciência. Mas fora dessa abordagem não poderíamos dizer absolutamente nada sobre os arquétipos. Devemos estar sempre conscientes que aquilo que queremos significar por arquétipo, não é representável em si, mas tem efeitos que permitem ilustrações, que são representações arquetípicas." (49, p. 539)

de onde esta conseqüência capital:

> "É impossível dar uma interpretação universal a um arquétipo. É preciso explicá-lo de acordo com a situação psicológica do indivíduo específico." (45, p. 96)

Órgãos de informação

Jung utiliza sucessivamente as noções de forma, estrutura, forma viva, *pattern*, e de vez em quando indica outra direção:

> "(o arquétipos são) sistemas vivos de reação e disponibilidade." (39, p. 36 — cf. G. W. 8, § 339)

> "... entidades vivas." (G. W. 18, § 1.272)

Se a idéia de *pattern of behaviour* lhe interessa é porque permite estabelecer uma ligação entre a organização psicológica inconsciente que ele busca compreender, e aquilo que podemos saber da atividade animal; mas ela se parece ainda demais com a idéia de modelo e ele sente que isso não corresponde exatamente aos arquétipos.

Várias vezes esboça outras abordagens:

> "Os arquétipos são, por assim dizer, os órgãos da psique pré-racional." (G. W. 11, § 845)

"O arquétipo é um órgão psíquico presente em cada um de nós, um fator vital para a economia psíquica." (22, pp. 102-103)

"(o arquétipo é) um organismo que vive de sua vida própria, dotado de forças geradoras." (18, p. 458)

A idéia de órgão é excelente porque expressa bem a atividade constante do arquétipo e o papel que desempenha no equipamento do ser vivo. Jung acrescenta uma comparação com o olho, que afasta definitivamente qualquer noção de modelo: as imagens arquetípicas são tão diferentes do arquétipo quanto as imagens ópticas o são do olho; ambos formam-se na relação entre o órgão e o objeto externo. Outra comparação, evocada pelo menos duas vezes em 1946, assimila o arquétipo ao sistema axial do cristal que não tem existência em si e, entretanto, ordena os íons e as moléculas.

Na realidade, o pensamento de Jung está à procura de uma noção de que não dispunha na sua época, a noção de informação. O papel que atribui aos arquétipos é perfeitamente inteligível nos termos da teoria da informação: 1) condicionam, orientam e sustêm a formação do psiquismo individual em função do programa que levam;

2) intervêm quando o psiquismo está perturbado, segundo as informações que recebem, seja do próprio psiquismo, seja do meio ambiente;

3) asseguram a troca de informações com o meio.

Acrescentamos que, para Jung, não há nenhuma hesitação, os arquétipos estão inscritos no corpo como todos os órgãos de informação da matéria viva. Sua transmissão é genética.

Retrospectivamente, é interessante ler a expressão deste pensamento em um texto de 1921.

> "Por conseguinte somos levados a admitir que, dada a estrutura do cérebro, este não deve sua natureza particular à influência única do mundo circundante, mas igualmente às qualidades particulares e autônomas da matéria viva, isto é, a uma lei inerente à própria vida. Decorre daí que a constituição dada do organismo, produto das condições externas, é também determinada pelas condições intrínsecas da matéria viva."
> "Nada nos impede admitir que certos arquétipos já existem nos animais, e que os arquétipos têm, por conseguinte, sua existência baseada nas próprias particularidades dos sistemas vivos." (19, p. 134)

Arquétipos, complexos e símbolos

Chegado a este ponto, Jung faz-se duas perguntas que vamos retomar sucessivamente: qual é a ação dos organizadores inconscientes? Como compreender sua relação com os fatores genéticos?

A diferença entre imagem arquetípica e arquétipo, ilustrada pela comparação do arquétipo com o olho, leva a pensar que as representações resultam da seleção e colocação em forma dos inúmeros dados individuais por *patterns* inconscientes. A mesma hipótese pode aplicar-se à formação das imagos, dos complexos e do aparelho psíquico estruturado ao redor do complexo ego. Há entretanto uma diferença importante com as imagens arquetípicas: ao constituir-se, o psiquismo individual engendra inconsciente. As instâncias que o compõem permanecem, com efeito, parcialmente inconscientes, sua colocação comporta *déficits* com conseqüências igualmente inconscientes e sua atividade só torna conscientes uma parte das informações recebidas. Assim desenvolve-se e organiza-se uma dinâmica inconsciente que difere da dinâmica arquetípica.

Há então dois conjuntos cujas razões de serem inconscientes são diferentes. Um pertence à espécie, o outro é a contrapartida do consciente individual. Sua composição, seu funcionamento e sua história regem-se por leis que lhes são próprias.

O esforço teórico da psicanálise tratou principalmente dos dinamismos inconscientes, conseqüência da existência do indivíduo, provavelmente porque os analisandos eram, até uma época relativamente recente, sobretudo neuróticos.

Jung encontrou-se numa situação diferente. Durante anos precisou tratar psicóticos em hospital psiquiátrico. Tratava, não de disfunções, mas de sofrimentos de psiquismos que não conseguiam formar-se. Isso levou-o a dar particular atenção aos fatores biológicos e a interrogar-se sobre os dinamismos arcaicos incomparavelmente mais fortes do que a personalidade consciente. Quando, mais tarde, atravessa o período de crise que já mencionamos, descobriu em si dinamismos do mesmo gênero e percebeu que estes podiam tornar-se positivos. Ao confrontar-se com eles, constatou que o desenvolvimento partia da inconsciência. Esta dupla experiência da psicose e da maturação o fez supor, já nos seus escritos de 1919 a 1923, a existência de fatores inconscientes que pertenciam tanto ao princípio de cura quanto à doença.

Como é que tais fatores podem ser considerados como organizadores quando estão na origem dos distúrbios? Jung observa primeiro que uma representação, um afeto, um impulso têm tanto mais força quanto menos individualizados e mais correspondentes a reações comuns a muitas pessoas. Conclui então que estas representações ou impulsos mais elementares expressam mais diretamente situações gerais e portanto organizadores válidos para todos. Denomina-os "coletivos" para indicar que a energia de que dispõem e as formas que animam estão à escala do homem. Na medida em que as circunstâncias, e em primeiro lugar a hereditariedade, o desejo dos pais, o ambiente social, econômico e cultural, não permitiram retomar

101

estes dinamismos coletivos em um psiquismo consciente suficientemente forte, a personalidade corre o risco de ser submergida ou insidiosamente possuída.

Observa-se também, em uma terapia analítica, que o consciente está às voltas com uma ambivalência que se encontra, especialmente, na bipolaridade das imagens e dos complexos, e que sua evolução passa pela diferenciação dos arquétipos entre si, por exemplo a do animus e da anima com as imagos parentais. A ambivalência dos arquétipos e sua mútua contaminação contribuem ao inacabado e à desordem do psiquismo individual.

Os arquétipos só são então organizadores, quando sob a ação de fatores conscientes. Entretanto, estão sempre ali, como uma fonte constante de informação. Podem corrigir por compensação os distúrbios do psiquismo individual e propor-lhe símbolos capazes de orientá-lo.

Esta presença justifica o projeto terapêutico, que poderíamos formular perguntando se há alguma possibilidade de ligar-se aos esquemas organizadores inconscientes, de tal maneira que tenham uma ação positiva sobre a vida. Esta busca funda a análise junguiana. Tornar-se consciente não consiste somente em descobrir e sentir os mecanismos que nos fazem e ao mesmo tempo nos pegam numa armadilha, mas ainda em dar uma oportunidade àquilo que seria capaz de reparar e recomeçar. É o sentido da idéia "relação com o inconsciente" que Jung aporta à psicanálise.

Psicóide, sincronicidade, unidade do mundo

> "A percepção direta do mundo dos arquétipos em nós é tão problemática como a do mundo físico, fora de nós." (G. W. 14/2, § 442)

Nem os arquétipos nem a realidade do universo podem tornar-se conscientes. Só os conhecemos por sua atividade. Tudo acontece como se a psique não pudesse assumi-los inteiramente. Estariam de certo modo aquém ou além do psíquico. O que Jung expressa com o termo "psicóide".

> "Nunca achei que nossas percepções fossem capazes de apreender todas as formas de existência. Por isso, até estabeleci o postulado segundo o qual o fenômeno das configurações arquetípicas — eventos psíquicos por excelência — apóia-se na existência de uma base psicóide, isto é, que só seria psíquica condicionalmente, e que teria a ver com outras formas do ser." (47, p. 399)

Jung pergunta-se então se as coincidências, que surpreendem porque vemos surgir eventos externos correspondentes ao estado psíquico do momento, não devem ser relacionadas com a natureza psicóide dos arquétipos.

As coincidências que nota e nomeia "fenômenos de sincronicidade" não são qualquer jogo de analogia entre datas, nomes, lugares... O vivido de uma sincronicidade é uma experiência do tempo. Os eventos correspondem ao estado subjetivo de tal maneira que o ou os sujeitos em questão, são tocados ao nível de sua relação com a realidade. A percepção do desenvolvimento do tempo parece estar suspensa para deixar lugar para a percepção de outra organização, onde dinamismos ainda desconhecidos articular-se-iam segundo outras leis. O efeito de sentido deve-se à impressão de que tudo o que faz a vida não se explica só pela diacronia passado-presente-futuro, mas pertence também — ou, melhor — a uma outra problemática. As circunstâncias concretas e os fenômenos psíquicos parecem estar coordenados em função de um centro situado fora do psiquismo individual.

Para explicar essas correspondências, Jung propõe a hipótese de um contínuo piscofísico. Apresenta-o, comparando-o ao espectro luminoso. (49, pp. 540-541)

> "A psique, que tendemos a considerar como sendo um fato subjetivo, estende-se para além de nós, fora do tempo, fora do espaço." (57, p. 32)

> "Quanto mais profundas e obscuras são as 'camadas', mais perdem sua originalidade individual. Quanto mais profundas, *i. e.*, mais próximas dos sistemas funcionais autônomos, mais se tornam coletivas e acabam universalizando-se e extinguindo-se na materialidade do corpo, isto é, nos corpos químicos. O carbono do corpo humano é simplesmente carbono; no mais profundo do seu ser, a psique é universo." (22, p. 454)

III

Consciente - Inconsciente

O consciente

Para compreender a vida de seus pacientes, Jung chegou à hipótese dos arquétipos. Agora assume este ponto de vista geral, para considerar o homem.

> "A história da natureza conta-nos a metamorfose fortuita, aos acasos das espécies, que através de centenas e milhões de anos, se devoraram e entredevoraram. A história biológica e política da humanidade também nos ensina mais do que o necessário sobre esse assunto. Mas a história do espírito inscreve-se noutro registro. É aqui que aparece o milagre da consciência refletida, a segunda cosmogonia." (47, p. 385)

O mundo só existe pela consciência. "Foi a primeira a criar a existência objetiva e foi assim que o homem encontrou seu lugar indispensável no grande processo do ser." (47, p. 295)

É pela consciência que se pode encontrar um sentido. "Finalmente, o elemento decisivo é sempre o consciente; é o consciente que deve compreender as manifestações do inconsciente, apreciá-las tomar posição com relação a elas." (47, p. 218)

É por isso que "a terapêutica tem por objetivo reforçar o consciente". (52, p. 136)

Por mais importante que seja, o consciente — ou consciência (considerarei ambos os termos como sendo equivalentes por não poder discutir aqui as variações vocabulares de Jung e seus tradutores) — ele é, entretanto, frágil e limitado.

> "Nossa consciência não se cria a si própria. Emana de profundezas desconhecidas. Na infância, desperta gradativamente e durante a vida, desperta pela manhã, emerge das profundezas do sono, em um estado de inconsciência. É como uma criança que nasce cotidianamente do ventre materno do inconsciente." (G. W. 11, § 935)

"A psique real e verdadeira é o inconsciente, enquanto o consciente só pode ser considerado como um fenômeno temporário." (G. W. 16, § 205)

"As causas e as metas ultrapassam o consciente de um modo que não se deve subestimar, e isso implica que suas naturezas e suas ações sejam irreversíveis e inalteráveis enquanto não sejam objetos de consciência. Só podem ser corrigidos pela perspicácia consciente da determinação moral; é por isso que o autoconhecimento, tão necessário é também tão temido." (G. W. 9/2, § 253)

A obra do consciente tem um valor cósmico, mas consiste no autoconhecimento. Jung considera sempre a consciência como função do sujeito.

"Nenhum conteúdo pode ser consciente, se não for representado a um sujeito." (G. W. 9/2, § 1)

O consciente define-se então segundo duas dimensões:
1) em relação ao conjunto da psique, "a consciência não é senão a intuição íntima do processo objetivo da vida". (28, p. 103) O termo empregado para intuição — *Anschauung* — enfatiza o fato que a consciência é uma reflexão do processo da vida, sobre si mesmo;
2) em relação ao sujeito, "o consciente é a relação entre um conteúdo psíquico e o ego — o que não está associado ao ego, permanece inconsciente". (G. W. 14/2, § 522 nota 400)

A existência destas duas dimensões explica que a ampliação do consciente implique na transformação do sujeito. A retirada das projeções e a tomada de consciência da sombra, colocam o ego em conflito.

"O processo de desenvolvimento e diferenciação do consciente leva à crucificação do ego." (G. W. 9/2, § 79)

Tornar-se consciente

Função de um sujeito que apenas existe no começo de sua história e de uma reflexão da vida sobre si mesmo, da qual (reflexão) não sabemos quase nada, o consciente não é uma zona de contornos definitivamente claros. É analógico, isto é, os dinamismos psíquicos são "mais ou menos" conscientes e isso dá lugar a estruturas de consciência, diferentes umas das outras.

"Entre 'eu faço' e 'tenho consciência daquilo que faço', não há só um abismo, mas às vezes, há até uma marcada oposição. Existe pois um consciente no qual a inconsciência domina, como há um consciente em que é a consciência que domina. Esta situação paradoxal fica imediatamente compreensível quando nos damos conta que não há conteúdo da consciência que não seja inconsciente sob outro ponto de vista. Talvez não haja psiquismo inconsciente que não seja consciente ao mesmo tempo!" (40, pp. 504-505)

O inconsciente aparece então como um vir-a-ser consciente. É curioso que o vocabulário de Jung para designar este vir-a-ser, seja estável (*Bewusstwerden*), quando varia para designar o ser-consciente (*Bewusstsein*).

Este vir-a-ser passa por limiares, o que "pressupõe um ponto de vista energético segundo o qual a consciência dos conteúdos psíquicos depende essencialmente de sua intensidade" (49, p. 488) e de seu valor. (49, p. 483) Isso corresponde ao fato que a consciência é um sistema de percepção e que seu acesso depende de uma diferença energética.

Mas ainda é preciso que o consciente disponha de meios de tratar a informação. Jung analisa o que chama "fenômenos de recepção" e chama a atenção para o papel dos conceitos aperceptivos, que são em primeiro lugar o conteúdo das ciências e tradições e que a experiência de cada um forma depois à sua medida.

> "Muitas perturbações neuróticas são devidas ao fato que certos conteúdos são constatados no inconsciente mas não podem ser assimilados por falta de conceitos aperceptivos capazes de apreendê-los." (G. W. 9/2, § 254)

No trabalho do consciente, Jung distingue a assimilação que é "a adjunção de um novo conteúdo consciente a materiais subjetivos, e com os quais se fusiona" (18, p. 412) e a integração que coloca o ego em causa e o obriga a modificar-se. A tomada de consciência é uma assimilação, acaba na maioria das vezes por reforçar um complexo dominante — inversamente, a integração começa por uma "lesão" do ego (12, p. 128) e termina com uma relação diferenciada: "integrado, isto é, retirado da projeção e agora capaz de ser sentido como um poder psíquico determinante". (49, p. 283)

O trabalho do consciente opõe ao inconsciente uma exigência de diferenciação:

> "A diferenciação constitui a própria essência e a condição *sine qua non* do consciente." (44, p. 216)

Esta observação leva Jung a pensar que as categorias de espaço e tempo, a partir das quais se desenvolve a diferença, são "postuladas" pelo consciente.

Leva-o também a completar a definição de consciente. Havia sido estabelecido em relação ao conjunto da psique e em relação ao sujeito; reconhece-lhe agora uma terceira dimensão:

"Ali onde não existe o 'outro', onde não existe ainda, cessa toda possibilidade de consciência." (G. W. 9/2, § 301)

Tipologia e orientação do consciente

Como é que o consciente recebe o que lhe é estranho?

Jung começou a refletir sobre isso ao observar o contraste que separa os histéricos dos doentes atingidos de demência precoce. Parecia-lhe que a distinção proposta então, entre extroversão e introversão, expressavam bem esta diferença.

Mais tarde, ficou impressionado ao ver Freud e Adler se oporem em função de duas teorias que lhe pareciam igualmente válidas, e explicava a ruptura pela impossibilidade de admitirem que sua divergência tinha a ver com suas estruturas, extrovertida para Freud, introvertida para Adler.

Este exemplo, que o tocava particularmente, tornou-lhe presente a necessidade de compreender em que consistem tais diferenças, a fim de não ser enganado pela maneira pela qual o consciente percebe o que lhe é estranho. O exemplo de Freud e Adler forneceu-lhe também uma primeira indicação: o consciente recebe em função do modo como se orienta. Isto fica bem expresso pelos termos intro-versão, extro(a)-versão.

Não podemos pois imaginar o consciente como uma praia já que não é somente passivo; nem tratá-lo como uma função neutra, igual para todos, já que há pelo menos dois tipos radicalmente diferentes: o extrovertido e o introvertido. O primeiro caracteriza um consciente voltado para o objeto, o segundo um consciente voltado para o sujeito.

É preciso aportar aqui dois esclarecimentos: a extroversão e a introversão caracterizam a estrutura do consciente e não o comportamento. Encontramos monges contemplativos extrovertidos e homens de negócio introvertidos — Jung explicitou pouco o que entende aqui por objeto e sujeito, mas parece que correspondem ao mundo externo e ao mundo interno, enquanto ambos são realidades objetivas. O introvertido não é necessariamente mais narcísico que o extrovertido; não o são do mesmo modo; a subjetividade do primeiro mistura-se às percepções internas, enquanto que a do segundo, projeta-se no mundo concreto.

O consciente seria pois estruturado segundo um dos grandes sistemas de informação, externo ou interno. Como é que a informação é triada depois? Jung distingue então quatro aspectos: "constatar o que existe realmente — conhecer seu significado — apreciar seu valor — perceber as possibilidades de origem e de meta subjacentes ao que existe atualmente". Cada aspecto seria apreendido por uma função especifica que ele denomina, por ordem: sensação (*Empfindung*) — pensamento (*Verstand*) — sentimento (*Gefühl*) — intuição (*Intuition*).

Dado o enfoque do consciente, uma das funções adianta-se às outras, seja por disposição inata, seja por ter sido mais útil nas circunstâncias da primeira infância. O consciente orienta-se então de maneira estável segundo esta função, isto é, tria o mundo segundo o aspecto que lhe corresponde.

Existem pois oito tipos de orientação, combinando a extroversão e a introversão com as quatro funções. O interesse não reside entretanto na classificação. O valor da tipologia junguiana está no dinamismo que implica e nas tensões que põe em evidência.

Com efeito, se o consciente é orientado por determinado tipo, o tipo oposto fica de certo modo flutuante, não está ligado ao ego, e em compensação, é por ele que virá a ação mais autônoma do inconsciente. A mudança, o desenvolvimento, far-se-ão através deste oposto, que Jung chama de função inferior. Para um pensador introvertido, ela é, por exemplo, da ordem do sentimento extrovertido.

Não posso inserir nesta exposição a análise que merece a dinâmica própria à tipologia de Jung — como também não me foi possível apresentar a clínica da sombra, da anima e do animus, ou a do *self*. Quero somente chamar a atenção sobre a grande utilidade prática desta tipologia.

Na consulta, o diagnóstico da função principal e da função inferior não só permite compreender como o paciente percebe o mundo e se orienta nele, como também esclarece as condições de maturação deste paciente.

No decorrer de uma análise, a transferência estabelece-se e transforma-se no ambiente determinado pela similitude, a complementaridade ou a oposição das estruturas do consciente do analista e do analisando. Pode acontecer que a mola da diferença e da desestabilização esteja ligada à oposição dos tipos, ou que uma cumplicidade dificilmente apagável, provenha de sua similitude.

Inconsciente

> "Tanto de fato quanto por definição, o inconsciente não pode ser alcançado em si-mesmo. É essencialmente a partir da experiência que temos dele, que podemos deduzir conclusões sobre sua natureza." (49, p. 303)

Em um movimento que lhe é familiar, o pensamento de Jung inverte o sentido da relação sujeito-objeto e considera o inconsciente sob o ponto de vista do consciente, depois de havê-lo abordado a partir dos arquétipos.

> "Teoricamente não podemos fixar limites ao campo da consciência, já que este é capaz de estender-se indefinidamente. Empiricamente entretanto, encontra seu limite quando chega ao desconhecido. Esse constitui-se de tudo aquilo que ignoramos e que, por conseguinte não tem relação com o ego, centro do campo da consciência. O desconhecido divide-se em dois grupos de objetos: aqueles que são externos e que seriam acessíveis pelos sentidos, e os que são internos e que têm a ver com uma experiência imediata. O primeiro grupo constitui o desconhecido do mundo externo; o segundo, o desconhecido do mundo interno. Chamamos este último de 'inconsciente'." (G. W. 9/2, § 2)

Jung define aqui o inconsciente por seus conteúdos, quando havia definido o consciente por seu papel. Veremos a seguir como visualiza o papel do inconsciente.

> "O inconsciente não se compõe somente de elementos reprimidos, mas também de todos os elementos psíquicos que não alcançaram o limiar da consciência." (11, p. 10)

Do ponto de vista da psicologia do consciente, podemos distinguir três tipos de conteúdos inconscientes, segundo sejam:

1) temporariamente subliminais, mas podendo conscientizar-se voluntariamente;
2) não podendo ser conscientizados voluntariamente;
3) não podendo absolutamente tornar-se conscientes. (G. W. 9/2, § 4)

Inconsciente pessoal — inconsciente coletivo

Sem negar o interesse que haveria em estudar estes três grupos e suas problemáticas respectivas, Jung interessou-se principalmente por analisar as manifestações do inconsciente em função de uma psicologia da personalidade, o que o levou a diferenciar no inconsciente, o pessoal e o coletivo.

> "Enquanto os conteúdos do inconsciente pessoal são adquiridos durante a vida do indivíduo, os conteúdos do inconsciente coletivo são invariavelmente arquétipos, presentes desde o começo." (G. W. 9/2, § 13)

Em um plano clínico, Jung explica:

> "Distinguimos entre um inconsciente pessoal que nos torna capazes de reconhecer a sombra e um inconsciente impessoal que permite reconhecer o símbolo arquetípico do *self*." (G. W. 9/2, § 261)

O que dissemos dos arquétipos, convida-nos a afastar uma figuração espacializante que representa o inconsciente pessoal e o inconsciente coletivo como dois estratos superpostos. O inconsciente pessoal é feito de inconsciente coletivo: resulta do encontro das informações que conduzem o vir-a-ser humano, com as circunstâncias, as particularidades, as escolhas, as hereditariedades, os ambientes, as tradições, enfim todo o contexto físico e psíquico, social e individual, da existência. Foi este o fenômeno que a psicanálise primeiro percebeu e que Freud elaborou. Ao explicitar mais as manifestações do inconsciente, Jung chegou à hipótese dos arquétipos. O fato de ter-se lançado nela como um pioneiro não diminui em nada a realidade e a importância das formações inconscientes pessoais. O analista que as ultrapassasse para mais depressa alcançar dimensões coletivas, provocaria uma inflação no analisando. Na realidade, não encontraria o inconsciente coletivo nesta provação pessoal, profunda, da qual fala Jung; não teria mais que o reflexo em seu próprio imaginário.

A experiência das dimensões coletivas do inconsciente faz com que se sinta uma análise que não as leve em conta, como sendo uma mutilação absurda, mas permite também verificar o valor de uma afirmação para a qual Jung voltou muitas vezes: não há outro caminho senão o do autoconhecimento.

O inconsciente coletivo

Enquanto que as principais formações do inconsciente pessoal são as imagos e os complexos, o inconsciente coletivo é constituído "pelos instintos e seus correlativos, os arquétipos". (28, p. 104)

A reflexão que leva à idéia de arquétipo é o fundamento da obra de Jung. É por isso que a apresentamos por si mesma, e em primeiro lugar. Se chegamos agora à consideração global do inconsciente coletivo, encontramo-nos com um fator ao qual Jung remete amiúde sem tê-lo definido realmente: o instinto, ou os instintos. Devemos pensar que trata-se de uma realidade análoga ao id? Seria um conjunto de pulsões constituindo os alicerces dinâmicos da psique? Jung não diz. Quando fala disto, é para referir-se a um modo de comportamento cuja adaptação é regulada por uma finalidade interna inconsciente — finalidade que pode ter-se estabelecido por acaso ou por seleção. A noção de instinto conota igualmente para Jung, uma continuidade do psíquico e do biológico, assim como o automatismo e a sujeição. Escreve por exemplo:

"As propriedades que caracterizam o instinto, a saber o automatismo, a natureza não influenciável, a reação tudo ou nada..." (49, p. 503)

111

A rigidez do instinto está na origem do caráter repetitivo e compulsivo da ação dos complexos sobre o consciente.

De um modo geral, a idéia de inconsciente coletivo remete à de psique inconsciente. "Pelo inconsciente, participamos da psique histórica e coletiva." (19, p. 167)

Jung observa que certos dinamismos inconscientes não são função da subjetividade e seguem uma lei que lhes é própria.

> "A idéia da independência e da autonomia do inconsciente, que diferencia tão radicalmente meus conceitos dos de Freud, germinou em minha mente já em 1902, quando estudava a história e o desenvolvimento psíquico de uma jovem sonâmbula." (44 prefácio, pp. 19-20)

O inconsciente é uma realidade objetiva, tão independente da subjetividade individual quanto o é o mundo externo. Na teoria de Jung, esta é sua primeira característica. O inconsciente coletivo é "idêntico a si mesmo em todos os homens e constitui assim um fundamento psíquico universal de natureza suprapessoal, presente em cada um". (49, p. 14)

O inconsciente caracteriza-se também por sua atividade criativa, no sentido em que os dinamismos que fazem o humano não são conscientes.

> "Para mim, o inconsciente é uma disposição psíquica coletiva, de caráter criativo." (G. W. 11, § 875)

> "O inconsciente é a matriz de todas as afirmações metafísicas, de toda mitologia e de toda filosofia — enquanto não sejam puramente críticas — e de todas as expressões da vida fundadas sobre premissas psíquicas." (50, p. 28)

Na medida em que estes dinamismos inconscientes não são caóticos mas, pelo contrário, estão na origem de um mundo de formas e de encadeamentos relativamente ordenados, somos levados a pensar que tudo acontece como se houvesse um saber inconsciente. Isto fica confirmado pela maneira por que, os sonhos especialmente, trazem para a trama da vida uma informação que ultrapassa muitas vezes a do consciente em adequação e penetração. Por outro lado, Jung repara, fundamentado nos fenômenos de sincronicidade, que o saber inconsciente tem um caráter "absoluto", devido à sua relativa independência quanto a tempo e espaço.

> "Tão incompreensível que possa parecer, somos finalmente obrigados a supor que existe no inconsciente algo como um conhecimento *a priori* ou uma existência imediata de acontecimentos, sem nenhuma base causal." (G. W. 8, § 856)

Em resumo, Jung define o inconsciente como sendo uma realidade objetiva, cuja atividade é criativa e possuindo o que em termos de consciente chamaríamos de um saber.

Observa que os dinamismos inconscientes permanecem na ambivalência e na contaminação, isto é, podem facilmente confundir-se e inverter-se. É a isso que o consciente opõe uma exigência de diferenciação.

A estrutura consciente-inconsciente

Jung considera a relação consciente-inconsciente como sendo uma estrutura.

> "Todos os efeitos são recíprocos e nenhum elemento age sobre outro sem que ele próprio seja modificado." (G. W. 14/2, § 419)

É esta estrutura que chama de Psique (49, p. 521). Define-a como totalidade para enfatizar, usando os dois sentidos da palavra *Ganzheit,* que a possibilidade de cada um tornar-se inteiramente si próprio, depende do funcionamento desta estrutura.

Se o consciente se desenvolve separando-se do inconsciente, de um lado as formações do inconsciente pessoal regridem, isto é, perdem sua adaptabilidade ao mundo consciente e tornam-se cada vez mais rígidas e negativas; por outro lado as compensações que vêm do inconsciente coletivo ficam cada vez mais desafinadas e irrecebíveis.

Por outro lado, se o vir-a-ser consciente se faz de acordo com os dinamismos inconscientes, a elaboração inconsciente fica também mais precisa e melhor adaptada à vida.

> "O inconsciente só funciona satisfatoriamente se o consciente cumpre sua tarefa até ao fim." (G. W. 8, § 568)

Para Jung, tornar-se consciente não visa pois reabsorver o inconsciente mas visa permitir o funcionamento satisfatório da estrutura psíquica. Trata-se de um sistema de troca em que o *optimum* varia muito de um indivíduo para outro, mas que, de todos modos, condiciona a saúde de cada um.

IV

O Processo de Individuação

"O crescimento da personalidade faz-se a partir do inconsciente."
(49, p. 280)

Esta afirmação tem conseqüências importantes. Leva com efeito a uma certa atitude diante da vida e condiciona o modo de conceber a terapia. Situa-se dentro da lógica da experiência junguiana que leva à confrontação do homem com ele mesmo, até ao encontro dos dinamismos inconscientes de ordem coletiva.

Se os arquétipos são uma fonte atual de informação, agem de maneira constante. Todo o homem continua sob sua influência e pode ser mudado por eles. Mas, em que sentido se exerce essa ação? Como é que o sujeito pode recebê-la e integrá-la, dado que é limitado pelas circunstâncias, por suas capacidades naturais e pelas determinações vindas de sua infância e adolescência?

Jung começou a observar esta ação em si próprio nos anos 1912-1918. Concebeu daí, progressivamente, a idéia de um processo de crescimento, que poderíamos chamar de processo de humanização. Chamou-o de "individuação", não porque o indivíduo fosse efetivamente seu centro, mas porque a relação entre individual e coletivo (no sentido definido no capítulo sobre os arquétipos) ultrapassa, ao mesmo tempo que a assume, a relação sujeito-objeto.

"Foi através do estudo das evoluções individuais e coletivas e pela compreensão do simbolismo alquímico que cheguei à noção central de toda a minha psicologia, a noção do processo de individuação." (47, p. 224)

"Em *A Dialética do Ego e do Inconsciente*, eu havia somente constatado que nos referimos ao inconsciente, e como o fazemos, o que ainda não diz nada sobre o inconsciente mesmo. Ocupado assiduamente com minhas imaginações, estas pesquisas fizeram-me pressentir que o inconsciente transforma-se e passa por metamorfoses. Foi ao descobrir a alquimia que vi claramente que o inconsciente é um processo e que as relações do ego com o in-

115

consciente e seus conteúdos, deslancham uma evolução, e até uma verdadeira metamorfose da psique. Nos casos individuais podemos seguir este processo pelos sonhos e fantasias. No mundo coletivo, este processo inscreveu-se nos diferentes sistemas religiosos e nas metamorfoses de seus símbolos." (47, pp. 243-244)

A idéia de individuação

A idéia de um princípio de individuação, aparece provavelmente pela primeira vez na obra de Jung em 1916, nos *Sete Sermões aos Mortos* e num ensaio, *Adaptação, Individuação e Coletividade*. Tem sua origem em Schopenhauer e Nietzsche, assim como no "Bildungsroman" de Goethe; mas Jung transforma-a radicalmente ao fundamentá-la na longa aventura das relações entre ego e *self* e na experiência da mandala.

> "Emprego a expressão 'individuação' para designar o processo pelo qual um ser torna-se um in-divíduo psicológico, isto é uma unidade autônoma e indivisível, uma totalidade." (21, p. 255)

Tal é a meta implícita dos dinamismos inconscientes.

> "Sabemos que o inconsciente vai direto ao objetivo, e que isso não consiste somente em acasalar dois animais mas em permitir a cada indivíduo tornar-se inteiro (*ganz werden*)." (G. W. 9/1, § 540)

A dinâmica que sustenta esta maneira de ver, apresenta-se ao consciente sob as diferentes figuras do *self*. Jung chama-a instinto, para sublinhar que se trata de "um processo natural e impessoal", ou Logos, para evidenciar que este processo segue e cria uma ordem inteligível.

> "O *self* representa o objetivo do homem inteiro, a saber a realização de sua totalidade e de sua individualidade, com ou contra sua vontade. A dinâmica desse processo, é o instinto, que vigia para que tudo o que pertence a uma vida individual figure ali, exatamente, com ou sem a concordância do sujeito, quer tenha consciência do que acontece, quer não." (43, p. 219)

> "Na medida em que [este processo] se desenvolve, geralmente de modo inconsciente, como sempre aconteceu, não significa nem mais nem menos que a transformação de uma glande em carvalho, de um bezerro em vaca e de uma criança em adulto.
> Mas se este processo de individuação é conscientizado, o consciente deve então ser confrontado com o inconsciente, para encontrar um equilíbrio entre os opostos.
> Logicamente, isso não é factível, de maneira que dependemos dos símbolos, que tornam possíveis a união e a harmonização dos opostos. Estes símbolos são criados pelo inconsciente e serão amplificados pelo consciente e sua mediação." (43, pp. 234-235)

Quando o processo acontece inconscientemente, projeta-se em símbolos coletivos, em mitos, religiões, filosofias, através dos quais, aqueles que a eles aderem, recebem uma certa animação. Mas então, "o fim da evolução fica tão obscura quanto seu princípio". (43, p. 236)

Por outro lado, quando o processo é consciente, "tantas obscuridades são iluminadas, que de um lado, toda a personalidade fica iluminada e de outro, o consciente, ganha infalivelmente, em amplitude e profundidade". (43, p. 236)

Podemos pois considerar a individuação como um processo inconsciente que subjaz à duração da vida e que se transforma quando fica consciente, isto é, para Jung, quando o ego experimenta o inconsciente coletivo. Isto acontece na maioria das vezes quando do encontro com a sombra, ou da diferenciação da anima e do animus em relação a suas projeções; e sempre sob forma de um conflito em que o ego se transforma.

> "Pode parecer supérfluo comentar mais uma vez a diferença, já constatada há muito tempo, entre a tomada de consciência e a realização de si (individuação). Mas eu vejo sempre que o processo de individuação é confundido com a tomada de consciência do ego e que assim o ego é identificado com o *self*. Assim, a individuação passa a ser simples egocentrismo e puro auto-erotismo." (49, p. 554)

A individuação supõe que se reconheça a existência do centro inconsciente da personalidade e pôr-se em sintonia com ele. É isto, "ser inteiro". A coordenação do ego e do *self*, realiza a totalidade, seja quais forem as feridas e as faltas. Pois não se trata nem de ter tudo nem de ser tudo, mas de existir de acordo com uma estrutura em que funcionam princípios opostos.

Jung observou que esta estrutura expressa-se segundo um modelo quaternário. Estudou-a através de múltiplos documentos históricos e clínicos e distinguiu duas formas principais: o "duplo par" (por exemplo na transferência = analista e analisando, anima e animus) que representa uma explicitação e coordenação completa dos fatores em relação dentro de determinada situação e o "3 + 1" (por exemplo em tipologia = as três funções ligadas ao ego e a função inferior) que corresponde melhor que o duplo par às situações em movimento. Bem utilizadas, estas fórmulas são provedoras de hipóteses. Chamam a atenção para as organizações subjacentes a fenômenos aparentemente sem relação, e sobre sua provável evolução.

O modelo quaternário sobre o qual Jung se detém, em particular a propósito da individuação, é a cruz. Ela expressa tanto o desenvolvimento quanto o conflito e a integração. O psiquismo que se individua é insecável porque mantém juntas as oposições, torna-se *self* no seu centro, mas não se isola.

A oposição do individual e do coletivo, no sentido definido por Jung, liga o homem ao seu ambiente em vez de separá-lo dele; ela liga-o porque diferencia-os. A individuação é o contrário do individualismo.

"A individuação não exclui o universo, inclui-o." (49, p. 554)

"A individuação tem dois aspectos fundamentais; de um lado, é um processo interno e subjetivo de integração; por outro lado é um processo objetivo, tão indispensável quanto, de relacionamento com o outro. Ambos são indispensáveis, se bem que estejam em primeiro plano, ora um, ora outro." (52, p. 96)

Projeção e possessão

A palavra individuação indica que se trata de uma operação em curso. Talvez não termine nunca.

Aplica-se a um estado de origem que não se confunde com os começos. Jung chama este estado de "identidade arcaica" ou "participação mística" (termo tomado de Levy-Brühl). Define-o como sendo uma indiferenciação do sujeito e do objeto: "a psique é primeiro o mundo". Se é verdade que isso corresponde ao começo da vida psíquica, o psiquismo do adulto comporta ainda setores desse tipo. Nesta medida, a origem é sempre atual.

O consciente vive habitualmente a evidência, isto é a identidade com o real, daquilo que experimenta ou pensa. Está então "possuído" pelas forças inconscientes que atualizam-se através do condicionamento individual. Em contrapartida, beneficia-se de uma energia que não se limita a si próprio. É de um lado a energia dos arquétipos, e de outro, a do jogo social. Assim a personalidade fica duplamente aferrolhada, de dentro e por fora, e ela percebe inconscientemente que deve à sua não-diferenciação a energia que a faz viver.

Será preciso a derrota ou a patologia para que surjam questionamentos.

Por este penoso caminho, a identidade arcaica tem alguma chance de desfazer-se. O indivíduo questionado poderá descolar-se de suas evidências. Enquanto se constitui um campo sujeito-objeto, o consciente descobre que aquilo que acreditava ser real era "uma parte do sujeito transferido para o objeto", uma projeção.

Reconhecer e retirar uma projeção, tem como primeiro efeito, o vazio, o desencanto, a perda do maravilhoso, mas, num segundo tempo, a energia volta ao consciente e mais precisamente ao ego. Isso produz uma "extensão da personalidade", (44, p. 64) a que Jung chama de inflação.

"Aquele que conhece sua sombra, sabe que não é inofensivo, pois, quando ela surge, é toda a psique arcaica e todo o mundo arquetípico que entram em contato com a consciência e a impregnam de influências arcaicas." (52, p. 102)

Assim, a conscientização das projeções, leva a uma inflação. Em toda a sua obra, Jung chama a atenção para os perigos de dissolução do consciente, que dela resultam. Isso é tanto mais necessário porque o fenômeno apresenta-se sob o melhor aspecto. Uma sensação de liberdade e de força nova substituem as desagradáveis impressões que haviam acompanhado a análise até então. O analisando sente gosto e capacidade de afrontar a vida. Propõe terminar o tratamento.

Na realidade, sabemos que o afluxo de energia está ainda na dependência dos dinamismos assimilados pelo ego e não realmente integrados. O sinal é a incerteza dos limites, as mudanças rápidas de opinião e comportamentos, as alternâncias de elação e depressão, características do inconsciente. É o que Jung chama de inflação positiva e negativa.

Na maioria das vezes, não se vai mais longe, devido ao benefício energético. Acontece entretanto, que a ação da anima ou do animus se torna insuportável, e retoma os questionamentos. Tratam então da natureza das forças às quais se identifica o ego e acabam por reconhecer seu caráter coletivo.

Para Jung, o processo que parte da identidade arcaica e de um estado de possessão do consciente passa então por dois tempos: uma separação do mundo externo e do ego, que se opera pela retirada das projeções; e uma separação do ego e do mundo interno, que opera-se pela conscientização da inflação e a objetivação das forças coletivas inconscientes na sua natureza arquetípica.

Incesto e sacrifício

O destacar-se das projeções e a retirada da inflação processam-se através de rupturas dolorosas, que implicam em um reconhecimento, cada vez mais nítido, dos limites da personalidade. Jung analisou longamente este processo em *Metamorfoses e Símbolos da Libido* (1911-1912). Volta a tratá-lo com freqüência, em especial na *Psicologia e Alquimia* e no ensaio sobre a *Psicologia do Sacrifício da Missa*. (49)

Conserva, para falar destas rupturas necessárias, o termo sacrifício, no qual elas projetaram-se durante milênios. Este termo marca bem que a separação, o luto, a castração, não são somente cortes e perdas, mas pertencem, com a condição de serem vividos até ao fim, a um processo de transformação.

O caso de Miss Miller, que Jung estuda nas *Metamorfoses*, convida-o a acentuar a necessidade de separar-se dos primeiros apegos a fim de adaptar-se à realidade. "O curso natural da vida, exige primeiro do jovem, que sacrifique sua infância e sua dependência infantil com relação a seus pais naturais'. (23, p. 592). Este desapego não se situa em época determinada e não corresponde somente às primeiras separações. Também tem a ver com o homem adulto. Atinge "o laço do incesto inconsciente, funesto ao corpo e à alma" (p. 592 e que "o inconsciente cria sempre de novo". (p. 673)

Para libertar-se dele, é preciso sacrificar o herói infantil ou o ego ideal no qual tomam forma "as fantasias conscientes e inconscientes" da mãe, (p. 510) sacrificar também "a nostalgia regressiva da infância", "com sua vaga felicidade e facilidade". (p. 673)

De saída, Jung analisa o sacrifício, como sendo uma relação com a mãe — mãe natural, imago, Grande Mãe arquetípica. A morte do herói com o qual Miss Miller se identifica "significa abandonar a ligação com a mãe, isto é, a renúncia a todos os laços e limitações que a alma leva desde a época da infância até à idade adulta". (p. 504) Laços e limitações formam um envólucro que mantém a indiferenciação.

> "Para aquele que olha para trás, o mundo e até o céu estrelado, são ainda a mãe debruçada sobre ele, e envolvendo-o por todos os lados... Alma universal, que tudo envolve, Purusha [1] tem também um caráter maternal. Ser primeiro, representa um estado psíquico original; é ao mesmo tempo o que envolve e o que é envolvido, mãe e filho ainda não nascido, estado indiscriminado inconsciente. Enquanto tal, é preciso terminá-lo, é ao mesmo tempo objeto de nostalgia regressiva, deve ser sacrificado para que também possam nascer seres distintos." (23, pp. 674 e 676)

É por isto que o sacrifício não é só separação mas também condição para o nascimento de um mundo.

> "Já que o mundo e tudo o que existe imediatamente são uma criação da representação, o sacrifício da libido que aspira a uma volta ao passado, é a origem da criação do mundo." (p. 674)

> "O mundo aparece quando o homem o descobre. Ora, só o descobre no momento em que sacrifica seu envolvimento na mãe original, em outras palavras, o estado inconsciente do começo." (p. 677)

> "É da renúncia a esta imagem e à nostalgia que dela temos, que provém a imagem do mundo que corresponde à ciência moderna." (p. 674)

---

1. Purusha e, no Rig-Veda, o Ser Primordial, a potencialidade de tudo o que foi e de tudo o que será.

Cada vez que um mundo (ou imagem do mundo) se constitui, tende a considerar o homem num envolvimento onde atualizam-se uma dinâmica de inclusão e o arquétipo da mãe. É o que encontramos, em níveis diferentes, no gosto pelo poder do desejo, no casulo do narcisismo, e também no racionalismo, em que Jung vê o domínio de uma imago materna.

O movimento da vida pode um dia levar a rasgar estes envolvimentos, e a história dos mitos ilustra suas rupturas sucessivas.

> "Enquanto o sacrifício mitraico [1] ainda é simbolizado por um sacrifício animal arcaico e tende a domesticar e disciplinar unicamente o homem instintivo, a idéia do sacrifício cristão, tornada sensível pela morte de um homem, exige o abandono do homem inteiro." (p. 708)

O sacrifício do "homem natural" simbolizado na morte do Cristo, significa para Jung a consciência à qual chega hoje o procedimento empírico da psicologia analítica: a necessidade de o ego renunciar a apropriar-se dos dinamismos inconscientes.

A razão é que o sacrifício opera uma mudança de orientação da libido. Permite sua regressão para o inconsciente e dá, deste modo, uma oportunidade a novas formas. Jung comenta assim o sacrifício do cavalo cósmico nos *Upanishads*:

> "O sacrifício do cavalo designa a renúncia ao universo... é unicamente pelo sacrifício do cavalo que pode produzir-se uma fase de introversão igual à que precedeu a criação do mundo." (p. 685)

> "Vimos que a libido ligada à mãe deve ser sacrificada para produzir o mundo; aqui é o mundo que desaparece pelo sacrifício renovado desta mesma libido." (p. 684)

Podemos aproximar a noção de castração simbólica deste conceito de sacrifício. Entretanto, uma diferença importante é que como o investimento do objeto não tem para Jung a última palavra, o que vem em seguida é um acesso ao inconsciente coletivo.

> "No sacrifício, a consciência renuncia à possessão e ao poder em benefício do inconsciente. Assim torna-se possível uma união dos opostos que tem como conseqüência um desencadeamento de energias." (23, p. 703)

O que Jung chama de "união" é uma relação dos opostos. Exclui tanto o isolamento do consciente afastado de suas fontes, quanto a possessão pelo inconsciente. As perdas e separações liberam a perso-

---

1. O sacrifício do touro no culto de Mitra.

nalidade consciente das identificações e a dispõem a participar, sem alienar-se, da moção inconsciente. Neste sentido, um movimento de volta para a mãe, à sempre-origem, deve compensar o sacrifício.

> " 'Reentrar na mãe' significa então: estabelecer uma relação entre o ego e o inconsciente... Neste estágio, o símbolo materno não mais remonta aos começos; dirige-se para o inconsciente enquanto matriz criadora do futuro." (23, p. 500)

É aqui que precisamos retomar a questão do incesto. A análise, que o encontra em todos nós, e constata seu poder, não pode contentar-se, ao reabrir as vias ao desejo reprimido, com enviá-lo topar com a proibição ou com a impossibilidade prática de sua realização. Jung afirma categoricamente a necessidade da proibição (ver 23, p. 592), mas observa que a problemática do incesto não termina aí.

Escreveu sobre este assunto, principalmente em três livros: *Metamorfoses da Alma e seus Símbolos* (1911-1952), *Psicologia da Transferência* (1946), *Mysterium Conjunctionis* (1955-56). Considera o incesto sucessivamente enquanto via de retorno para a mãe, organizador da transferência e modelo de diferenciação-conjunção.

> "O terapeuta sabe hoje que o problema do incesto é praticamente universal e que aparece imediatamente quando as ilusões habituais são afastadas. Mas geralmente só conhece seu aspecto patológico e deixa-o à reprovação que a ele se liga, sem aprender a lição da história, segundo a qual, o laborioso segredo do consultório, é simplesmente a forma embrionária de um problema que atravessa os tempos e que criou, na esfera das alegorias teológicas e nas primeiras fases das ciências naturais, um simbolismo da maior importância." (53, p. 132)

Diante do tabu que quase todas as sociedades impõem, existe a soma dos mitos, contos, temas filosóficos e teológicos, em que o incesto desempenha um papel cosmogônico, e, mais ainda, os rituais reais ou sacerdotais durante os quais o incesto era consumado. Supondo, o que está longe de ser provado, que os mitos e os ritos de incesto sejam uma sublimação devida ao tabu, não deixam de apresentar o incesto com traços, contexto, desenvolvimento, efeitos em que se esboça um significado bem determinado. Não seriam o lugar em que melhor se conta aquilo que está em questão no incesto?

A atração sexual por um parente seria um fenômeno banal se não se projetasse ali outra coisa. É como se o psiquismo encontrasse no conjunto mais ou menos ligado das representações, comportamentos, ambientes e tempos que constituem o investimento incestuoso, o quadro de uma realização que ultrapassa seus objetivos aparentes, confere-lhe um significado diferente e, portanto, um atrativo consideravelmente maior. Não é só o pai, a mãe, o irmão, a irmã, o que cada um desejaria, mas o que aconteceria se nos pudéssemos unir a eles. O que dá ensejo ao incesto não basta para explicá-lo.

Qual é então o desafio? reencontrar o Mesmo, isto é, o inconsciente.

Quer se trate do irmão e da irmã ou da filha e do pai, uns e outros buscam a Mãe, na proximidade que os une. Mas a realização concreta do incesto seria a passagem para o ato, em outras palavras, o abortar de um desejo que carrega um projeto completamente diferente. Tomado simbolicamente, o desejo de incesto leva ao inconsciente como se volta para a mãe depois de nos termos adequadamente separado dela.

A relação viva com o inconsciente, que toma emprestada, aqui, a emoção e a imagem de uma volta à Mãe, anda junto com a constituição do sujeito. A conjunção não anula a separação, supõe-na. Reencontrar as forças criativas inconscientes só é possível ao preço dos sacrifícios de que falamos, senão a personalidade inchar-se-ia de inflação e finalmente seria engolida na regressão.

A cultura que se constituiu a partir da psicanálise teme a volta ao inconsciente. Agarra-se à proibição do incesto como à última muralha que a defenderia da Natureza e da indiferenciação. Jung participa desses temores, mas encara-os de modo diferente. Porque trata a ilusão e a mistificação dentro da problemática da possessão, pode reconhecer a dinâmica positiva que ali se expressa. Apoiado nessa experiência recusa-se a restringir a psicanálise a uma arte da frustração e da crítica, fala francamente da Mãe e propõe que se leve em conta o ritmo vital de separação e conjunção.

A conjunção dos opostos

Enganamo-nos muitas vezes sobre o sentido dessa conjunção. Evoca para alguns uma justaposição de atitudes mais ou menos contraditórias, para outros, o evitar o conflito, ou ainda um jogo de conversão entre versões simétricas do Mesmo. Quando nos reportamos à experiência de que fala Jung, percebemos que trata-se de algo completamente diferente.

A questão fundamental poder-se-ia expressar do seguinte modo: a energia, o gosto e o sentido da vida vêm através da participação com o inconsciente, com a condição que o sujeito se diferencie, isto é, rompa a participação.

Como é possível um caminho, nesta contradição? Na realidade os dinamismos inconscientes traçam um, opondo por exemplo, a força de crescimento que pede o sacrifício e o desejo que chama ao incesto, a identificação que propõe um símbolo e a compensação que coloca essa identificação em questão.

123

Na falta de um sujeito, estes dinamismos ficam caóticos e quando encontram um compromisso, projetam-se em religiões ou ideologias. Por outro lado, se um sujeito os torna conscientes e entende-se com eles, eles entram em uma história. Aquele que consegue segurar juntos os movimentos opostos, fica transformado. Por isso Jung podia escrever: "a união dos opostos é ao mesmo tempo a força que provoca o processo de individuação e sua meta". (49, p. 331)

Ao aproximar este texto daqueles em que Jung diz que a união dos opostos é o estado inconsciente de origem, podemos esboçar um quadro de evolução. O homem iria de uma conjunção-syzigia cujos pólos contrários não podem existir um sem o outro, para uma organização diferenciada em que o psiquismo é capaz, simultaneamente, de relação com o outro sexo e de relação ao outro gênero, de introversão e de extroversão, de fidelidade e de traição, não na justaposição ou na alternância, mas sim na unidade do sujeito.

No segundo volume de *Mysterium Conjunctionis* (54), Jung estuda três conjunções sucessivas que considera como sendo particularmente significativas: da alma com o espírito, de ambos reunidos com o corpo, do psíquico e do físico na unidade do mundo.

Auto-regulação — função transcendente

> "O homem... não pode responder totalmente e de modo ideal às exigências da necessidade externa senão quando está em sintonia consigo. Inversamente, não pode adaptar-se à sua realidade interna, a não ser que esteja adaptado também às condições do ambiente." (28, p. 61)

> "A individuação, o tornar-se si mesmo... é o problema da vida em geral." (48, p. 162)

Para viver, o homem é feito de tal maneira que pode dispor de uma regulação interna, quase autônoma, se conseguir pô-la em funcionamento. A educação, a psicoterapia, a maturidade devem permitir atualizar esta possibilidade.

A auto-regulação de que fala Jung, não é uma homeostase cujo resultado seria uma estagnação. Ela supõe que múltiplos fatores psíquicos se organizem de tal modo que entre eles haja uma relação de compensação. O processo pelo qual o psiquismo se equilibra e se orienta, situa-se entre o ego e o inconsciente e também ao nível das pulsões e dos complexos. A auto-regulação é própria de cada um; varia de um momento para outro; é sempre aleatória, porque só se faz progressivamente e depois de muitos conflitos.

Já em 1916, Jung teve a intuição desta possibilidade e começou a examiná-la no ensaio sobre *A Função Transcendente*. A transcendência de que se trata não tem nada a ver com uma perspectiva metafísica. A palavra é tomada da matemática e sérve para designar uma capacidade de elaboração que resulta de um duplo movimento: um dá palavra aos fatores inconscientes, o outro reage a estes pela firmeza dos valores do ego e de seus objetivos.

Aos conflitos resultantes, em particular entre o ego e a sombra, substitui-se progressivamente uma organização da tensão, capaz de propor uma orientação ao consciente. Esta pode ser uma inclinação, uma espécie de voz interior, ou ter a forma de um símbolo. Jung insistiu muito mais sobre este segundo aspecto, e por isso dizia que não há individuação sem símbolos.

A função transcendente que desempenha o papel de regulação autônoma, destaca-se e age progressivamente durante o processo de individuação. Para Jung, trata-se da verdadeira maturidade.

Projetaram-se às vezes sobre este processo, imagens de Herói. Elas são infantis. Vimos, com efeito, como Jung denuncia a dependência do herói frente à mãe e afirma a necessidade de libertar-se dela. Se descreve o processo de individuação, é para revelar uma orientação, esclarecer possibilidades terapêuticas e de maturação, e não para propor um modelo. Responde a um correspondente que o interroga a esse respeito:

> "Não posso lhe dizer como é um homem que goza de uma completa auto-realização, nunca vi nenhum.
> Antes de buscar a perfeição, devemos viver o homem comum, sem automutilação."

V

Análise

Todos precisamos de um outro para tomarmos consciência de nós mesmos. O processo de individuação não é uma evolução solitária. "Indivíduo", não significa isolado, mas "não dividido". O verdadeiro isolamento é resultado de um estado de indiferenciação, que é fusão com o outro e possessão pelo inconsciente. Jung mostra como o sujeito constitui-se ao diferenciar-se, isto é, separando-se e ligando-se ao mesmo tempo. Mostra assim que a relação com o outro e a relação com o inconsciente são correspondentes. Uma mesma função (anima/animus) as organiza.

Se Jung consagrou grande parte de seus escritos à análise das relações entre o sujeito e o inconsciente coletivo, nem por isso deixou de afirmar regularmente a correspondente importância da relação com o outro humano. Fez disso o objeto de um de seus melhores livros, *Psicologia da Transferência*. Mais ainda, define a mediação com o inconsciente por seu caráter sexuado, anima para o homem — animus para a mulher. Seu conceito de análise baseia-se sobre a dimensão relacional. Não separa o tornar-se-consciente, da relação analítica. É no "diálogo" que nos tornamos conscientes.

> "Só podemos tomar consciência da sombra através da relação com um parceiro, e para a tomada de consciência da anima e do animus, é preciso um parceiro do outro sexo, pois é somente em tais relações que as projeções são operantes." (G. W. 9/2, § 42)

> "Uma terapia psicológica é uma espécie de processo dialético, um diálogo. A dialética estava na origem da arte da discussão entre os antigos filósofos, mas logo passou a designar o processo de criação de novas sínteses." (G. W. 16, § 1)

Ser analista

Nestas condições, a personalidade do analista desempenha um papel determinante. Jung dizia que tinha consciência de ter agido principalmente pelo que era (57). "A personalidade do terapeuta é o grande fator curativo da psicoterapia." (G. W. 16, § 198)

Esta observação leva a outras duas: — não podemos ajudar alguém a ir mais além do que nós fomos — aquele que utiliza o método é mais importante que o próprio método.

> " 'Se o homem errado utilizar o meio certo, o meio certo operará errado.' Esta sentença, infelizmente verdadeira, da sabedoria chinesa, opõe-se da maneira mais brutal à fé que professamos no método 'certo', sem levar em conta o indivíduo que o utiliza. Neste campo, tudo depende na realidade do indivíduo que o utiliza, e pouco ou nada do método." (51, p. 23)

Foi nesta perspectiva que Jung abordou o problema da formação dos analistas quando era presidente da Associação Psicanalítica Internacional (1910-1914). Pediu então que todo o analista tivesse também sido analisado e originou assim a análise didática. Além desta exigência de princípios, acentuou a importância do saber e o papel que desempenham a anima ou o animus do analista. São as duas principais orientações da formação.

O saber prepara o analista para ver os sinais. Deve aliar o conhecimento histórico ao estudo clínico. "Porque o analista vai lidar com modos arcaicos de funcionamento... deve ter à sua disposição um vasto material histórico e juntar-lhe também um vasto material empírico baseado na observação direta." (G. W. 16, § 253)

A maturidade da anima e do animus assegura a mediação com o inconsciente, evitando a inflação, e também a mediação com o paciente, respeitando os valores que lhe são próprios (cf. por exemplo, 52, p. 162 e 13, p. 306).

O homem doente

"O importante não é a neurose, mas o homem que tem a neurose" (G. W. 16, § 190). Jung define claramente o eixo de sua atividade.

Nesta perspectiva, a escolha de um método não depende de seu valor intrínseco, mas de sua eficácia para um determinado indivíduo em um dado momento. A este propósito, Jung emprega um vocabulário que não cobre a atual distinção entre análise e psicoterapia. Utiliza o termo *die Psychoterapie* para designar todo tipo de terapia psíquica, em oposição às fisio — e quimioterapias, e distingue as psicoterapias entre si segundo se limitem ou não à cura dos sintomas e segundo levem ou não em conta, o inconsciente (cf. por exemplo, G. W. 16, § 199).

O diagnóstico é função da dinâmica geral do sujeito. A avaliação da perturbação segundo os critérios da nosografia clássica é ligada ao papel que esta perturbação desempenha na economia do sujeito e às chances que tem de integrar-se. "O quadro médico da perturbação é provisório. O real e importante é o quadro psicológico que só pode ser descoberto durante o tratamento, atrás do véu dos sintomas patológicos." (G. W. 16 § 210) Em outras palavras, o que leva a uma decisão, não se encontra somente na natureza e gravidade dos sintomas, mas depende finalmente do estado dos complexos.

> "Em terapia psicológia, reconhece-se o mal muito mais apoiados no conteúdo dos complexos do que no quadro clínico. O diagnóstico psicológico tende a ser um diagnóstico dos complexos e, por isso, a formular fatos, muitas vezes mais ocultos do que revelados pelo quadro clínico." (G. W. 16, § 195, e também 196 e 197)

Jung assume um ponto de vista global para apreender o que torna o homem psicologicamente doente. "A loucura é um estado de possessão por um conteúdo inconsciente que não pode ser assimilado enquanto tal, pelo consciente." (51, p. 53) A relação entre consciente e inconsciente é ruim. A informação arquetípica não pode desempenhar sua função corretamente.

> "Quando a análise penetra nos panos de fundo dos fenômenos conscientes, descobre as mesmas figuras arquetípicas que nos delírios dos psicóticos. Há uma soma considerável de argumentos históricos e literários para provar que estamos então lidando com tipos normais de imaginário que aparecem praticamente em todos os lados, e não com os monstruosos produtos da loucura. O elemento patológico não reside na existência destas idéias, mas na dissociação do consciente que não pode controlar o inconsciente." (G. W. 9/1, § 83)

O fenômeno central é a dissociação. Comporta dois aspectos complementares: o consciente está ao mesmo tempo separado do inconsciente, e dominado por ele. Dissociação e possessão andam juntas. "A possessão pelo inconsciente, é ser rasgado, desfeito em muitos seres e coisas, é uma disjunção." (52, p. 52)

É em relação a esta possessão/disjunção que Jung define as psicoses e as neuroses.

Psicoses

Jung, como já dissemos, abordou a psicanálise com a experiência adquirida no contato cotidiano com psicóticos. Freud sentiu isto e escreveu-lhe a 13 de agosto de 1908: "... instituí-lo como meu continuador e aquele que terminará meu trabalho, já que o senhor aplica às psicoses o que eu comecei com as neuroses". (55/1, p. 235)

129

Entretanto Jung tropeça rapidamente no fato que a repressão e os princípios que constituem o primeiro tópico não lhe bastam para compreender o que vive um psicótico. "Os mecanismos freudianos não bastam para explicar porque se desenvolve uma *dementia praecox* e não uma histeria." (G. W. 3 § 76) Em 1911 escreve a Freud: "Começo a ver o que não vi em Honegger.[1] Com efeito, parece que na *dementia praecox*, é preciso descobrir, a todo custo, o mundo interior produzido pela introversão da libido, que no paranóico irrompe repentinamente (desfigurado) como teoria delirante (Schreber)... Parece que a introversão não leva só a um renascer das reminiscências infantis, como na histeria, mas também a uma imobilização das camadas históricas do inconsciente." (55/2, pp. 179-180) Um pouco mais tarde escreve: "o paralelismo mitológico é de imensa importância para a *dementia praecox*". (55/2, p. 192)

Desde esse momento, Jung orienta-se para a descoberta de dinamismos arcaicos cuja irrupção em um consciente mal constituído, produz uma psicose. Estes dinamismos não são formados durante a existência individual. São os arquétipos de um inconsciente coletivo.

> "Os conteúdos do inconsciente coletivo aparecem muito claramente em certos casos de perturbações mentais, especialmente na esquizofrenia. Desenvolvem-se muitas vezes imagens mitológicas de insuspeitada variedade. os alienados produzem amiúde associações de idéias e de símbolos que não têm a ver com as experiências de sua existência individual, mas que estão ligadas à história do espírito humano. Trata-se do pensamento primitivo mitológico que reproduz suas imagens primordiais, e não da reprodução de experiências do consciente." (G. W. 8, § 589)

> "Nos sonhos e em certas psicoses, encontramos muitas vezes materiais arquetípicos, isto é, representações e conexões das quais encontramos analogias diretas nos mitos. Destas semelhanças, tirei a conclusão de que existe uma camada do inconsciente que funciona exatamente como a psique arcaica de onde nasceram os mitos." (G. W. 17, § 209)

Jung vê na psicose, a irrupção de organizações arquetípicas fragmentárias correlativas a deficiências do psiquismo individual. O consciente é pouco diferenciado e as circunstâncias da vida não provocaram a formação de um inconsciente pessoal suficientemente importante, isto é, que os complexos não são mais que uma estrutura solta e que o psiquismo está num estado com traços comuns ao sonho. (G. W. 3, § 557)

Ao lado das deficiências da psicogênese, Jung sempre considerou a hipótese de um fator somático. Já escrevia em 1907 em *Psicologia da Demência Precoce*, e repete-o em seu testamento sobre este assunto: "Pensamentos recentes sobre a esquizofrenia" (1957):

---

1. Um aluno que suicidou-se em março de 1911.

"As pesquisas sobre a esquizofrenia são, na minha opinião, uma das tarefas mais importantes para a psiquiatria do futuro. O problema tem dois aspectos, fisiológico e psicológico, pois este mal, até onde podemos hoje ver, não permite uma explicação unilateral. Sua sintomatologia aponta de um lado para um processo de destruição subjacente, provavelmente de natureza tóxica, e de outro lado — desde que uma etiologia psicogenética não esteja excluída e que um tratamento psicológico seja eficiente — para um fator psíquico de igual importância. As duas vias de aproximação abrem-se para uma perspectiva a longo prazo, tanto no campo teórico como no terapêutico." (G. W. 3, § 552)

Do ponto de vista analítico, Jung aventa uma hipótese que não explora, mas que deveria ser fecundada: a psicose estaria ligada à anima e ao animus, como a neurose ao complexo de Ego. (G. W. 9/2, § 62)

Neuroses

Enquanto Jung interpreta a psicose como sendo uma dominação do psiquismo pelas camadas arcaicas do inconsciente, vê nas neuroses uma dissociação entre o consciente e o inconsciente. É um estado de desunião consigo mesmo, causado pela oposição das necessidades instintivas e dos imperativos da civilização, da vontade de adaptação e dos caprichos infantis, dos deveres individuais e dos deveres coletivos. (cf. 47, p. 459)

"A maioria das neuroses são falsos desenvolvimentos que foram construídos durante muitos anos." (G. W. 16, § 36)

"As neuroses significam, como todas as doenças, uma adaptação insuficiente, isto é, situações em que o homem, devido a quaisquer entraves... tenta subtrair-se às dificuldades que a vida traz, voltando assim ao mundo anterior da infância." (49, pp. 458-459)

Ao mesmo tempo que permanece em um estado regressivo, a personalidade consciente faz escolhas que a cortam de suas raízes.

"Quando adotamos um comportamento que não conquista a adesão do vertebrado primitivo e do animal ao sistema nervoso simpático, que estão em nós, declara-se uma neurose." (13, p. 351)

"Tem-se uma neurose, por ignorar as leis fundamentais do corpo vivo, e ter-se afastado delas." (13, p. 352)

Do ponto de vista das funções, a neurose corresponde a um desenvolvimento unilateral. A personalidade utiliza certas funções e negligencia as outras.

"Essas separações nítidas e essas oposições claras entre consciente e inconsciente, que tantas vezes constatamos nos neuróticos, esquartejados entre seus pólos contrários, apóiam-se quase sempre sobre uma especial unilateralidade da atitude consciente que dá preferência, um privilégio quase absoluto, a uma ou duas funções, em detrimento das outras, o que provoca forçosamente uma paralisia e uma repressão excessiva das funções ostracizadas." (44, p. 248)

Enfim, Jung insiste na dimensão social da neurose.

"Uma neurose é mais um fenômeno psicossocial do que propriamente uma doença. Isso obriga-nos a ampliar o conceito de doença além da idéia de corpo individual e a considerar a personalidade neurótica como um sistema de relações sociais, doente." (G. W. 16, § 37)

"Hoje poderíamos estabelecer facilmente uma teoria política da neurose." (19, p. 48)

Apercepção e atitude

Dois fatores desempenham um papel particularmente importante na neurose porque contribuem para modelar a relação entre consciente e inconsciente: são os conceitos de apercepção e a atitude.

Os conceitos de apercepção são as categorias segundo as uqais um consciente compreende o que lhe acontece.

"Numerosas perturbações neuróticas surgem do fato de que certos conteúdos são constatados no inconsciente, mas não podem ser assimilados por falta de conceitos aperceptivos que possam captá-los." (G. W. 9/2, § 259)

Os conceitos de apercepção são as categorias segundo as quais consciente aprendeu a funcionar. Se são indispensáveis à recepção do inconsciente, nem por isso deixam de ser coletivos e inadequados às potencialidades e ao destino do indivíduo. Este carrega necessariamente em si um conflito com sua cultura e com o tipo de normalidade que ela impõe.

"Existem tantos neuróticos doentes por serem (simplesmente) normais, quantos neuróticos doentes por não terem alcançado essa normalidade." (21, p. 51)

"Tornar-se-á neurótico aquele que se esforce por conseguir as duas coisas ao mesmo tempo: seguir seu fim individual e adaptar-se à coletividade." (47, p. 391)

Além das categorias da apercepção, é pois a atitude do consciente que está em causa. Jung insiste no papel determinante do que chama *Einstellung* (acomodação, ajuste de um aparelho óptico) e *Betrachtungsweise* (maneira de considerar). Os dinamismos inconscientes não são nem bons nem maus; agem em função da atitude que se toma para com eles.

> "A constelação das imagens arquetípicas e das fantasias não é patológica em si. O elemento patológico somente se revela pelo modo como o consciente individual reage e as interpreta." (G. W. 9/1, § 261)

Uma falsa atitude gera uma forma ruim, no sentido que dá a este termo a *Gestalttheorie*, e o fenômeno tende a agravar-se em círculo vicioso.

> "Quem tenha a pretensão de passar por herói desafia por esta mesma pretensão, um dragão que terá que combater." (13, p. 341)

A atitude do consciente depende dos complexos. Não basta um esforço de reflexão e de vontade para modificá-la. Mas é terapeuticamente importante ver o problema a partir dela, para evitar entrar no jogo das resistências. Jung escreve:

> "A teoria das neuroses de Freud convém admiravelmente a seus traços essenciais; mas o autor fá-las depender demasiado das opiniões neuróticas por causa das quais justamente as pessoas ficam doentes. Daí vem a aparência (diga-se de passagem, tão facilmente aceita pelos neuróticos) que a causa das neuroses está no passado longínquo. Na realidade, fabrica-se dia a dia, devido a uma falsa atitude que consiste precisamente em que o neurótico pensa e sente como o faz e justifica sua atitude com sua teoria das neuroses." (23, p. 683)

O sentido da doença

O distúrbio psíquico não é nem um sintoma que devemos fazer desaparecer, nem uma disfunção a ser normalizada. Jung está muito longe da idéia de evidenciar o discurso para permitir sua reorganização. Contra toda visão normativa, acha que às vezes é necessário proteger o paciente das convicções do terapeuta e que nenhuma teoria pode prejulgar o destino de um homem.

> "O terapeuta deve ter em mente que o paciente está ali para ser tratado e não para verificar uma teoria." (G. W. 16, § 237)

Longe de querer eliminar o sintoma, o tratamento apóia-se nele. A história pessoal do doente é "o segredo que o rompeu. Ao mesmo tempo, esta história contém a chave do tratamento". (47, p. 143) Os sintomas expressam ao mesmo tempo as desordens do psiquismo e as correções (compensações dinâmicas) que o inconsciente tenta trazer-lhes.

Significam também uma ativação de energia.

"Uma neurose é sinal de acúmulo de energia no inconsciente, ao ponto de ser uma carga capaz de explodir." (G. W. 7, p. 112)

"Na própria intensidade da perturbação emocional, encontra-se o valor, a energia que o sujeito poderia ter à sua disposição a fim de remediar seu estado de adaptação insuficiente." (G. W. 8, § 166)

A doença faz parte da história do sujeito. Não existe nem um estado de origem ao qual voltar para poder recomeçar de novo, nem um apolonismo psíquico ao qual poderíamos sonhar alcançar. A história é inexorável, não volta para trás, mas o sujeito constitui-se, assumindo-se tal qual é, e esforçando-se por liberar e integrar os dinamismos criativos, ativos na própria doença.

"Uma abordagem puramente causalista é estreita demais e não pode explicar o significado da neurose." (G. W. 16, § 307)

"É na neurose que encontramos os valores que faltam ao indivíduo." (19, pp. 101 ss.)

Para Jung, a origem é atual em um duplo sentido: o passado só é acessível no presente do psiquismo, isto é, transformado, simbolizando, enquadrado no contexto recente — a origem é a fonte da informação arquetípica a que a regressão terapêutica deve permitir ligar-se.

"Quando se declaram sintomas neuróticos, a atitude do consciente e seu projeto dominante recebem um desmentido. Prepara-se de certo modo no inconsciente uma ativação dos arquétipos que haviam sido mais oprimidos pela atitude consciente. O terapeuta não tem outra saída a não ser confrontar o ego com seu adversário e desencadear assim um processo de fusão e de refundição." (G. W. 14/2, § 170)

A intenção terapêutica

Jung define a análise pela realização da identidade, sabendo que a consecução do sujeito ultrapassa o ego. (50, pp. 30-31) Esta empresa parte da doença ou da ferida própria a cada caso, pois é aí que cada um é realmente posto em questão. Assim, a análise não pode, sem perverter-se, ser motivada pelo desejo de adquirir um poder, uma cultura ou uma linguagem. Também não pode ser, sem tornar-se mortífera, a aplicação sistemática de uma leitura do homem. Permanece marcada por uma intenção terapêutica, porque busca o sentido e a cura de uma ferida. Mas nem por isso se reduz a uma cura, a um tratamento que terminaria com o desaparecimento dos sintomas. Tem a amplitude do destino de cada um, de sua relação com o mundo e consigo mesmo.

A análise pode ser considerada como o equivalente de uma iniciação, para o inconsciente europeu, (G. W. 11, § 854) mas trata-se de uma iniciação que passa pelo conhecimento de si e que desenvolve-se pelo duplo movimento de dar a palavra aos dinamismos inconscientes mais profundos e de tornar-se consciente de si e dos outros.

> "A terapia tem por objetivo reforçar a consciência." (52, p. 136)

> "Podemos nos perguntar porque o ser se individualiza e se isso é desejável. Respondo que não só é desejável, mas que é mesmo absolutamente indispensável, pela excelente razão que sem sua individualização, o ser permanece numa condição de mistura e de confusão com o outro; neste estado, desempenha ações que o põem em desacordo e em conflito consigo mesmo... De toda essa mixordia inconsciente que acontece no *no man's land* (terra de ninguém) que separa e aproxima ao mesmo tempo os indivíduos, de todo este 'aproximadamente', mais ou menos confusional e identificatório, que é a moeda corrente de nossas inter-relações, de toda esta confusão inconsciente das pertinências, emanam uma obrigação e uma coação para viver e agir como a pessoa que precisamente não somos." (44, p. 266)

A consciência de si seria estéril se não acontecesse junto com uma relação viva com as fontes do que faz o homem, relação pessoal que toma forma em uma atitude e símbolos próprios a cada sujeito.

Por mais engajado que estivesse na terapia analítica e por mais convencido que estivesse de sua eficácia, Jung teve entretanto a coragem de afastar as ilusões que alguns gostariam de conservar.

> "O principal objetivo da terapia psicológica, não é transportar o paciente para um impossível estado de felicidade, mas sim ajudá-lo a adquirir firmeza e paciência diante do sofrimento. A vida acontece num equilíbrio entre a alegria e a dor." (G. W. 16, § 185)

CONCLUSÃO

Ciência e Mito

Aqueles que já conheciam a obra de Jung, antes de abrir este livro, talvez não tenham encontrado, ao percorrê-lo, a imagem que esperavam. Onde está o filho de pastor que passou a vida explicando-se com o fato cristão? Onde está o psiquiatra? Onde está o apaixonado pelo imaginário alquímico? Onde está o homem que percebeu, através dos mundos, a dinâmica dos opostos? E eu gostaria de perguntar, onde está o velho pescador do lago de Zurique?

Meu objetivo era destacar a lógica interna desta obra múltipla, e não escrever as ocasiões ou discutir suas teses. Ficarei por aí, para concluir.

O fato principal com o qual nos confronta a obra de Jung, é a relação viva entre consciente e inconsciente.

Os dinamismos inconscientes não são somente resultado de uma repressão ou a contrapartida da formação do sujeito. Alguns deles, sustentam e organizam a condição humana. Fundamentam a esperança terapêutica, pois se estão na origem dos distúrbios, podem também ser as molas da reparação e do crescimento, quando o consciente estabelece com eles uma relação apropriada.

> "Está fora de questão 'esvaziar' o inconsciente, pois seus poderes criativos estão sempre produzindo novas formas. A consciência, por maior que seja, é como uma ilha rodeada pelo mar, um pequeno círculo dentro do maior que é inconsciente, e como o próprio mar, o inconsciente dá vida a uma indefinida abundância de criaturas vivas." (G. W. 16, § 366)

A tarefa do consciente é essencial à vida. Ele deve pôr em evidência as potencialidades, expressá-las, dizê-las. Sem ele, nada tomaria forma. Jung vê neste trabalho o sentido de sua própria existência. (7, pp. 384-385)

Tornar-se consciente não é somente uma obra de conhecimento. A tomada de consciência das projeções descobre à personalidade sua própria alienação e rasga as identificações de que é feita. O conflito resultante põe em movimento uma transformação profunda. O sujeito que daí surge está estruturado na polaridade de dois centros, consciente e inconsciente, em que um está inserido nos limites da existência social, enquanto que o outro está em relação com a informação inconsciente.

Esta evolução, cuja orientação e desafio são reconhecíveis hoje, não é nem simples, nem está assegurada.

> "A personalidade quer desenvolver-se a partir de suas condições inconscientes, e sentir-se viver enquanto totalidade." (47, p. 19), mas "há, profundamente enraizada no homem, uma resistência a tudo o que lhe permitiria saber mais sobre si próprio. É a razão pela qual o desenvolvimento interior não segue de maneira nenhuma o progresso dos conhecimentos e das atividades externas". (G. W. 8, § 191)

> "A natureza inconsciente parece aspirar à luz da consciência à qual tanto repugna." (43, p. 220)

A análise junguiana é uma prática da contradição. É por isso que muitos dos que comentam a obra de Jung "estão por fora" e a desfiguram. Simplificam e sistematizam porque ainda são prisioneiros da confusão existente entre positivismo filosófico e rigor científico. Não podem pensar de acordo com um esquema que, ao mesmo tempo mantém e ultrapassa a oposição entre matéria e espírito, racional e irracional, representação e realidade. É preciso, para compreender Jung, a experiência das abordagens múltiplas.

Assim, quando ele diz que o ponto de vista psicológico é o do "iniciado nos segredos divinos" (*Erkenner göttlicher Geheimnisse* — G. W. 11, § 430), o leitor estranha a mistura psico-mística. Jung não acha nada disso. Ele quer dizer que aquele que aborda os fenômenos sentindo a emoção do mistério está melhor posicionado para perceber sua relevância e verdade. Ultrapassa a clivagem mantida pela redução positivista da psicologia e pela projeção metafísica da religião a fim de apreender o psíquico em seu volume e intensidade.

Diante desta realidade psíquica, Jung esforçou-se por estabelecer uma epistemologia que não reduza o irracional e entretanto permitisse sua apreensão através da razão. Considerou o esforço científico como parte essencial do vir-a-ser consciente.

> "Eu havia, compreendido que tanta imaginação necessitava um terreno sólido, e que eu devia primeiro voltar inteiramente à

138

realidade humana. Essa realidade era para mim, a compreensão científica... Isso tornou-se a tarefa da minha vida e seu conteúdo." (47, p. 219)

"Considero minhas opiniões como proposições e ensaios visando formular uma nova psicologia científica." (17, p. 20)

Mas a ciência não basta para descrever o humano. O conhecimento não vem só da elaboração racional, é-lhe também necessário o mito. A própria história das ciências é permeada de inconsciente e, para cada época e cada sociedade, pensamentos e imagens de origem desconhecida representaram o sentido que permitia viver. Jung não tem ilusões sobre os perigos do mito, mas tem a coragem de reconhecer sua importância.

"Se vier a faltar o mundo intermediário da fantasia mítica, o espírito fica ameaçado de paralisar-se no doutrinarismo. Inversamente, o tomar em consideração esses germes míticos constitui um perigo para os espíritos fracos e sugestionáveis, o de tomar esses pressentimentos por conhecimentos e o de hipostasiar fantasias." (47, p. 360)

"Quanto mais predomina a razão crítica, mais a vida se empobrece; mas quanto mais aptos formos a tornar consciente o que é inconsciente e o que é mito, maior parcela de vida integraremos. Sobrestimar a razão tem algo em comum com o poder absoluto do Estado: sob sua dominação, o indivíduo perece." (47, p. 344)

Cronologia

1875   Nascido a 26 de julho, em Kesswill (cantão de Turgovia na Suíça), Carl Gustav Jung, filho de Jean Paul Achille (1842-1896) pastor dessa paróquia, e de Emilie, nascida Preiswerk (1848-1923).

1879   A família vem morar em Klein-Hüningen, perto de Basiléia. C. G. freqüenta o ginásio dessa cidade.

1884   Nascimento de sua irmã Gertrude (morre em 1935).

1895-1900   Estuda medicina na Universidade de Basiléia.

1900   Segundo assistente de Eugen Bleuler, médico-chefe do Burghölzli, no hospital psiquiátrico de Zurique.

1902   Primeiro assistente no Burghölzli. Tese de doutouramento em medicina: "Sobre a psicologia e a patologia dos fenômenos ditos ocultos."

1902-1903   Semestre de inverno com Pierre Janet, na Salpétrière.

1903   Casamento com Emma Rauschenbach (1882-1955), de Schaffhouse. Terão quatro filhas e um filho.

1905-1909   Chefe de clínica no Burghölzli.

1905-1913   Privatdozent na Faculdade de Medicina de Zurique. Suas aulas tratam de psicologia e das psiconeuroses.

1907   *Psicologia da Demência Precoce*. Em fevereiro, encontro com Freud em Viena.

1908   Primeiro Congresso Internacional de Psicanálise, em Salzburgo.

1909   Abertura de clínica particular em Küsnacht, Seestrasse 228. Primeira viagem aos Estados Unidos, com Freud e Ferenczi, por ocasião do vigésimo aniversário da Clark University (Massachusetts).

1909-1913   Redator-chefe de *Jahrbuch für psychonalytische und pychopathologische Forschungen*, fundado por Freud e Bleuler.

1910   Segundo Congresso Internacional de Psicanálise, em Nuremberg.

1910-1914   Primeiro presidente da Associação Psicanalítica Internacional.

1911   Terceiro Congresso Internacional de Psicanálise, em Weimar.

1912	Conferência sobre a "Teoria psicanalítica" na Fordham University de Nova York — *Metamorfoses e Símbolos de Libido* — Ruptura com Freud.
1913	Quarto Congresso Internacional de Psicanálise, em Munique — Jung dá à sua psicologia, o nome de "Psicologia Analítica" — Demissão de seu posto de ensino na Universidade de Zurique.
1914	Conferências em Londres e Aberdeen — Mobilizado para o serviço de saúde.
1916	*Sete Sermões aos Mortos — A Função Transcendente* — Começo dos estudos sobre a gnose.
1918-1919	Comandante do campo de internação dos soldados ingleses em Château-d'Oex (Vaud) — Papel decisivo das pinturas de mandalas.
1920	Viagem à Algéria e Tunísia.
1921	*Tipos Psicológicos.*
1922	Compra de um terreno à beira do lago de Zurique, na comuna de Bollingen.
1923	Construção nesse terreno, da torre perto do lago — Morte de sua mãe — Primeira série de conferências dadas por Richard Wilhelm sobre o I Ching no Clube Psicológico de Zurique.
1924-1925	Visita aos índios Pueblo de Novo México (EUA).
1925-1926	Expedição a Uganda, ao Quênia, às margens do Nilo — Visita aos Elgonyis no Monte Elgon.
1928	*Dialética do Ego e do Inconsciente — Sobre a Energética Psíquica.*
1929	*Comentário do Mistério da Flor de Ouro.*
1930	Vice-presidente da Sociedade Médica Geral para Psicoterapia, cujo presidente é E. Kretschmer.
1931	*Problemas Psicológicos do Tempo Atual.*
1932	Prêmio de Literatura da Cidade de Zurique.
1933	Primeiro seminário na Escola Politécnica Universitária de Zurique — Primeira conferência Eranos (Ascona, Tessin) — Viagem ao Egito e Palestina.
1934	Presidente da Sociedade Médica Geral para Psicoterapia.
1934-1939	Redator-chefe da *Zentralblatt für Psychotherapie und ihre Grenzgebiete* (Leipzig).
1935	Professor na Escola Politécnica Universitária (E.T.H.) de Zurique — Funda a Sociedade Suíça de Psicologia Aplicada — Conferência Tavistock em Londres.
1936	Doutor *honoris causa* em Harvard (Mass.) — *Wotan.*
1937	Conferências Terry em Yale (Conn)..
1938	Viagem à Índia, a convite do governo britânico, para o 25.º aniversário da Sociedade de Ciências da Índia — Presidente do congresso internacional de Psicoterapia, em Oxford — Doutor *honoris causa* de Oxford (G.-B.) — Membro da Real Sociedade de Medicina.

1939	Demissão da Sociedade Médica Geral Internacional para Psicoterapia.
1940	Suas obras, como as de Freud, são incluídas na lista Otto — *Psicologia e Religião.*
1941	*Introdução à Essência da Mitologia*, com Kérényo.
1942	Demissão do lugar de professor na E.T.H.
1943	Membro da Academia Suíça de Ciências.
1944	Nomeação para a cátedra de Psicologia da Faculdade de Medicina de Basiléia — Demissão no mesmo ano por motivo de saúde — *Psicologia e Alquimia.*
1945	Doutor *honoris causa* da Universidade de Genebra.
1946	*Psicologia da Transferência* — *Psicologia e Educação.*
1948	*Symbolique de l'Esprit* — Inauguração do Instituto C. C. Jung em Zurique.
1950	*As Formações do Inconsciente.*
1951	*Aïon.*
1952	*Sobre a Sincronicidade* — Revisão das *Metamorfoses da Alma e seus Símbolos* — *Resposta a Job.*
1953	Primeiro volume das "Obras Completas", na tradução inglesa de R. F. C. Hull.
1954	*Raízes da Consciência.*
1955	Doutor *honoris causa* do *E.T.H.* de Zurjque — Morte de sua mulher, a 27 de novembro.
1955-1956	*Mysterium Conjunctionis.*
1957	*Presente e Futuro* — Começo da redação de *Minha Vida* com Aniela Jaffé — Entrevista teelvisionada com John Freeman, para a B.B.C.
1958	*Um Mito Moderno* — Primeiro volume da edição das obras completas em alemão.
1960	Cidadão honorário de Küsnacht.
1961	Termina, dez dias antes de morrer, o *Ensaio de Exploração do Inconsciente* para *O Homem e seus Símbolos* — Morre a 6 de junho em sua casa de Küsnacht.

BIBLIOGRAFIA

I — OBRAS DE C. G. JUNG

TEXTOS ORIGINAIS

Gesammelte werke (obras completas): 18 volumes + 1 index. Iniciada pela Rascher Verlag (Zurique), a publicação atualmente é continuada pela Walter Verlag (Olten — Suíça).

Em tradução inglesa, *collected works*. Routledge and Kegan Paul (Londres) e Princeton University Press (Princeton, New-Jersey, E.U.A.).

Nas "Euvres Complètes" não consta uma obra: *Errinerungen Träume und Gedanken,* compilada e anotada por Aniela Jaffé, Rascher Verlag Zurique, 1963.

CORRESPONDÊNCIA

Correspondance générale escolhida e organizada por Gehrard Adler com colaboração de Aniela Jeffé, versão alemã: *Briefe,* Walter Verlag Olten, 3 volumes, 1972 e 1973, versão inglesa: *C. G. Jung Letters,* Routledge and Kegan Paul e Princeton University Press, 2 volumes, 1973 e 1976.

Correspondance avec Freud, organizada por W. Mc Guire, versão alemã: S. Fischer Verlag, Frankfurt, 1974, versão inglesa: Princeton University Press, 1974.

SEMINÁRIOS

Estabelecidos a partir das anotações feitas por certos participantes, à exceção do "Séminaire sur l'Interprétation des Visions".

Dream Analysis, de novembro de 1928 a junho de 1930, em Zurique; 2 volumes, 215 e 298 pp.

Em alemão, sem título de 6 e 11 de outubro de 1930, em Küsnacht; 110 pp, 51 ilustrações.

The Visions Seminar, de outubro de 1930 a março de 1934, em Zurique; Spring Publications, Zurique, 1976; 2 volumes, 534 pp, 45 ilustrações.

145

Em alemão, sem título, de 5 e 10 de outubro de 1930, em Küsnacht; 152 pp, 37 ilustrações.

Em alemão, com o Prof. J. W. Haners, de 3 a 8 de outubro de 1932; em Zurique, 158 pp.

Em alemão, sem título, de 26 de junho a 1.º de julho de 1933; em Berlim, 165 pp.

Modern Psychology, de outubro de 1933 a julho de 1935; em Zurique, 241 pp.

Psychological Aspects of Nietzsche's Zarathustra, de 1934 a 1939: em Zurique, 10 volumes.

Dream Symbols of the Individuation Process, 1936: em Zurique, 2 volumes.

Modern Psychology, de outubro de 1933 a julho de 1935; em Zurique, *Ignatius de Loyola*), de outubro de 1938 a março de 1940: em Zurique, 264 pp.

Kinderträume und altere Literatur über Träume, semestre de inverno de 1938-1939: em Zurique, 217 pp.

Kinderträume, semestre de inverno de 1939-1940: em Zurique, 195 pp.

Alchemy — the process of individuation, de novembro de 1940 a julho de 1941: em Zurique, 253 pp.

TRADUÇÕES FRANCESAS

1. "Associations d'Idées Familiales", in *Archives de Psychologie*, 1907, tome VII.
2. L'Analyse des Rêves", in *Année Psychologique*, 1909, tome XV.
3. Contribution à l'Etude des Types Psychologiques", in *Archives de Psychologie*, 1913, tome XIII.
4. "La Structure de l'Inconsciente", in *Archives de Psychologie*, 1916, tome XVI.
5. *L'Inconscient dans la Vie Psychique Normale et Anormale*, trad. Dr. Grandjean-Bayard; Payot, Paris, 1928.
6. *Essais de Psychologie Analytique*, trad. Y. Le Lay; Stock, Paris, 1931.
7. *Métamorphoses et Symboles de la Libido*, trad. L. de Vos, introduction par Y. Le Lay; Montaigne, Paris, 1931.
8. *La Théorie Psychanalytique*, trad. Mme M. Schmid-Guisan; Montaigne, Paris, 1932.
9. "Sur la Psychologie", trad. Decourdemanche, in *Revue d'Allemagne et des Pays de Langue Allemande*, 1933, tome VII.
10. *Conflits de l'Ame Enfantine*, suivi de *La Rumeur*, et de *L'Influence du Père*, trad. L. de Vos etc O. Raevsky, préface d'Y. Le Lay; Montaigne, Paris, 1935.
11. *Le Moi et l'inconscient*, trad. A. Adamov; Gallimard, Paris, 1938.
12. *Phénomènes Occultes*, suivi de *Ame et Mort* et *Croyance aux Esprits*, trad. E. Godet et Y. Le Lay; Montaigne, Paris, 1939.
13. *L'Homme à la Découverte de son âme*, trad. Dr. R. Cahen; Ed. du Mont Blanc, Genève et Hachette, Paris, 1943; Payot, Petite Bibliothèque, Paris, 1966.
14. "De la Nature des Rêves", in *Revue Ciba*, Bâle, 1945, n.º 46.
15. *Aspects du drame contemporain*, préface et traduction du Dr. R. Cahen; Librairie de l'Université de Genève et Buchet-Chastel, Paris, 1948.

16. "Le Yoga et l'Occident" dans *Approches de l'Inde,* textes et études publiés sous la direction de J. Masui; *Cahiers du Sud,* Paris, 1949.

17. Introduction à la *"Psychologie de C. G. Jung",* de Yolande Jacobi, traduction V. Baillods; Delachaux et Niestlé, Neuchâtel, 1950; nouvelle édition revue et augmentée, trad. J. Chavy; Editions du Mont Blanc, Genève, 1964.

18. *Types Psychologiques,* préface et traduction d'Y. Le Lay; Librairie de l'Université Genève et Buchet-Chastel, Paris, 1951.

19. *Psychologie de l'Inconscient,* préface et traduction du Dr. R. Cahen; Librairie de l'Université Genève et Buchet-Chastel, Paris, 1951; déjà traduit sous le titre *L'Inconscient dans la vie psychique normale et anormale.*

20. Préface de *Réalité de l'Ame — L'énergie psychique, son origine, son but,* d'Esther Harding, trad. E. Huguenin; La Baconnière, Neuchâtel, 1952.

21. *La Guérison Psychologique,* préface et adaptation du Dr. R. Cahen; Librairie de l'Université, Genève et Buchet-Chastel, Paris, 1953.

22. *Introduction à l'Essence de la Mythologie,* avec Ch. Kérényi, trad. E. del Medico; Payot, Paris, 1953.

23. *Métamorphoses de l'Ame et ses symboles,* préface et traduction d'Y. Le Lay; Librairie de l'Université, Genève et Buchet-Chastel, Paris, 1953.

24. Préface de *Les Mystères de la Femme dans les Temps anciens et modernes,* d'Esther Harding, traduction E. Mahyère; Payot, Paris, 1953.

25. Préface de *Le Livre de la Sagesse et de la Folie,* de John Custance, traduction C. et J. Bouscaran; Plon, Paris, 1954.

26. "Psychologie et Poésie" dans *Hommage à C. G. Jung,* trad. Dr. R. Cahen; Le Disque vert. Bruxelles, 1955.

27. "Devenir de la Personnalité" dans *Hommage à C. G. Jung,* trad. Y. Le Lay; *Synthèses Revue Européenne,* n.º 115, Bruxelles, décembre 1955.

28. *L'Energétique Psychique,* préface et traduction d'Y. Le Lay; Librairie de l'Université, Genève et Buchet-Chastel, Paris, 1956, contient notamment "Phénomènes occultes", "Ame et Mort", "Croyance aux Esprits". déjà traduits.

29. Préface à *Essais sur la Théorie et la Pratique de l'Analyse,* par Gehrard Adler, trad. L. Fern et J. Leclercq; Librairie de l'Université, Genève, 1957.

30. *Le problème du Quatrième,* trad. Y. Le Lay; La Table Ronde, nºs. 120-121, Paris, 1957-58.

31. *Psychologie et Religion,* trad. M. Bernson et G. Cahen; Buchet-Chastel, Paris, 1958.

32. Contribution à *L'Almanach 1958;* Librairie Flinker, Paris, 1958.

33. *Le Fripon Divin, un mythe indien* avec Paul Radin et Charles Kérényi, trad. A. Reiss; Librairie de l'Université, Genève et Buchet-Chastel, Paris, 1958.

34. Préface de *Aux Frontières de la Connaissance* de Georges Dupleix, *Gazette de Lausanne,* 1958.

35. *Commentaire au Livre Tibétain de la Grande Libération,* Adyar, Paris, 1960.

36. "Psychanalyse d'une grande réalité: l'Ame", in *Arts, Lettres, Spectacles, Musique,* n.º 700, Paris, 5-11 octobre 1960.

37. *Un Mythe Moderne,* préface et adaptation du Dr. R. Cahen; Gallimard, Paris, 1960.

38. Lettre "Réponse à la question du bilinguisme" dans *Almanach 1961*, Librairie Flinker, Paris, 1961.

39. *Problème de l'Ame moderne*, trad. Y. Le Lay; Buchet-Chastel, Paris, 1961. Rassemble 17 essais de C. G. Jung, dont 6 déjá traduits sous le titre *Essais de Psychologie Analytique*, ainsi que *Psychologie et Poésie* et *Devenir de la personnalité*.

40. Préface à *Complexe, Archétype, Symbole*, de Yolande Jacobi, trad. J. Chavy; Delachaux et Niestlé, Neuchâtel, 1961.

41. *Présent et Avenir*, préface et traduction du Dr. R. Cahen, avec la collaboration de R. et F. Baumann; Buchet-Chastel, Paris, 1962.

42. *Psychologie et Education*, trad. Y. Le Lay; Buchet-Chastel, Paris, 1963. Reprend ce qui avait été traduit sous le titre *Conflits de l'âme enfantine, La Rumeur* et *L'influence du Père*.

43. *Réponse à Job*, avec une postface d'Henri Corbin, trad. Dr. R. Cohen; Buchet-Chastel, Paris, 1964.

44. *Dialectique du Moit et de l'Inconscient*, trad. du Dr. R. Cahen; Gallimard, 1964, Déjà traduit sous titre: *Le Moit et l'Inconscient*.

45. "Essai d'Exploration de l'Inconscient" dans *L'Homme et ses Symboles*, en collaboration avec M. L. Von Franz, J. L. Handerson, Y. Jacobi et A. Jaffé, trad. L. Deutschmeister; Robert Laffont, 1964, Publié seul, avec une introduction de Raymond de Becker, Gonthier, Paris, 1965.

46. *L'Ame et la Vie*, textes choisis par Y. Jacobi, trad. Dr. R. Cahen et Y. Le Lay; Buchet-Chastel, Paris, 1965.

47. *Ma Vie* — Souvenirs, rêves et pensées recueillis par Aniela Jaffé, trad. Dr. R. Cahen et Y. Le Lay; Gallimard, Paris, 1967.

48. *Psychologie et Alchimie*, trad. Dr. R. Cahen et H. Pernet; Buchet-Chastel, Paris, 1970.

49. *Les Racines de la Conscience*, trad. Y. Le Lay et E. Perrot; Buchet-Chastel, Paris, 1970.

50. Préface à *Introduction au Boudhisme Zen* de D. T. Suzuki, trad. M. Tisserand et M. Rougier; Buchet-Chastel, Paris, 1978.

51. *Commentaires sur le Mystère de la Fleur d'Or*, trad. E. Perrot; Albin Michel, Paris, 1979.

52. *Psychologie du Transfert*, trad. E. Perrot; Albin Michel, Paris, 1980.

53. *Mysterium Conjunctionis I*, trad. E. Perrot; Albin Michel, Paris, 1980.

54. *Mysterium Conjunctionis II*, trad. E. Perrot; Albin Michel, Paris, 1982.

55. *Sigmund Freud — C. G. Jung: Correspondance*, éditée par W. Mc Guire, traduite par R. Fivaz-Silbermann; Gallimard, Paris, 1975, 2 vols.

56. *Entretiens avec C. G. Jung*, de Richard Evans, avec des commentaires de E. Jones, préface et adaptation de Ph. Coussy; Payot, Petite Bibliothèque, Paris, 1964.

57. *Entretiens avec C. G. Jung*, de Suzanne Percheron; Cahiers de Psychologie Jungienne, n.º 6, 1975.

N.B. Geralmente, foram utilizadas [na edição francesa] as traduções existentes, às quais se remete o leitor indicando seu número de ordem (e à página) nesta bibliografia. Modificamos as que parecem se afastar do original. Para os textos ainda não traduzidos para o francês, a sigla G.W. remete à Gesammelte Werke, seguida (a sigla) do número do volume e do parágrafo. A sigla V.S. remete aos "Visions Seminar". (Nota da edição francesa).

II — ESTUDOS EM FRANCÊS

CAHIERS DE PSYCHOLOGIE JUNGIENNE

— Revista trimestral, fundada em 1974. Sede: I Place de l'Ecole Militaire — 75007 Paris.

Esta revista é dedicada ao pensamento junguiano e à prática analítica nele inspirada.

OBRAS SOBRE JUNG

— Gerhard Adeler, — *Etudes de psychologie jungienne.* Editions Universitaires Georg, Genebra, 1957.

— Charles Baubouin. — *L'Œuvre de Jung.* Payot, Paris, 1963.

— E. A. Bennet. — *Ce que Jung a vraiment dit.* Stock, Paris, 1968.

— Frieda Fordham. — *Introduction à la Psychologie de Jung.* Imago, Paris, 1979.

— Marie-Louise von Franz. — *C. G. Jung — son mythe en notre temps.* Buchet-Chastel, Paris, 1975.

— Raymond Hostie. — *Du Mythe à la Religion — la psychologie analytique de C. G. Jung.* Desclée de Brouwer, Bruges, 1955.

— Yolande Jacobi. — *La Psychologie de C. G. Jung.* Editions du Mont-Blanc, Genebra, 1964.

— Edmond Rochedieu. — *Jung.* Seghers, Paris 1970; nouvelle édition 1974.

— Número especial sobre Jung na *Revue d'Allemagne et des pays de langue allemande*, 1933, n.º 70.

— Hommage à C. G. Jung "in" *Revue Synthèses*, 1955, n.º 115.

— Número especial sobre C. G. Jung "in" *Revue Planète*, 1971.

— Número especial em homenagem à C. G. Jung, "in" *Revue de Psychologie et des Sciences de l'Education.* Soledi, Liège, 1975, vol. 10, n.os 2-3.

— *Transformation(s) — introduction à la pensée de Jung.* Centre de Psychologie Analytique de Montréal, Editions de l'Aurore, Montréal, 1977.

— Número especial "C. G. Jung et la Voie des Profondeurs", *Revue Présence*, 1977-78, 4.ª série, vol. 1, nouvelle édition La Fontaine de Pierre, 1980.

— Numerosas obras inspiradas em Jung são publicadas, principalmente na coleção "L'Esprit Jungien" Sephers et Editions du Mail, nas Editions Imago e nas Editions de La Fontaine de Pierre, Paris.

— André Virel. *Vocabulaire des Psychothérapies.* Fayard, Paris, 1977. Estudo de 94 temas do vocabulário jungniano.

149

NOVAS BUSCAS EM PSICOTERAPIA

VOLUMES PUBLICADOS

I — *Tornar-se Presente* — John O. Stevens. Mais de uma centena de experimentos de crescimento pessoal, baseados em Gestalt-terapia.

II — *Gestalt-Terapia Explicada* — Frederick S. Perls. Transcrições de palestras e sessões de Gestalt-terapia, dirigidas por Perls, constituem a melhor maneira de entrar em contato com a força e a originalidade de sua criação.

III — *Isto é Gestalt* — Coletânea dos artigos que representam a expressão mais autêntica do desenvolvimento presente da Gestalt-terapia.

IV — *O Corpo em Terapia* — Alexander Lowen. O autor expõe os fundamentos da bioenergética. Discípulo de Reich, retoma e expande as formas pelas quais o desenvolvimento do homem é tolhido pela estruturação errônea de hábitos mentais e motores.

V — *Consciência pelo Movimento* — Moshe Feldenkrais. Feldenkrais, com pouca teoria, fundamenta como se forma, como se desenvolve e como se pode melhorar a percepção de si e a estrutura motora da imagem corporal.

VI — *Não Apresse o Rio* — Barry Stevens. Um relato a respeito do uso que a autora faz da Gestalt-terapia e dos caminhos do Zen, Krishnamurti e índios americanos para aprofundar a experiência pessoal e o trabalho através das dificuldades.

VII — *Escarafunchando Fritz* — *Dentro e Fora da Lata de Lixo* — Frederick S. Perls. O livro é um mosaico multifacetado de memórias e reflexões sobre a sua vida e sobre as origens e evolução da Gestalt-terapia.

VIII — *Caso Nora* — Moshe Feldenkais. Relato de como o autor conseguiu a recuperação de Nora, paciente com mais de 60 anos, e que devido a um derrame, ficou incapacitada de ler, de escrever etc.

IX — *Na Noite Passada Eu Sonhei...* — Medard Boss. Boss mostra que não existe ruptura entre o modo de ser no sonhar e o modo de ser na vigília e que a compreensão dos sonhos pode trazer benefícios terapêuticos.

X — *Expansão e Recolhimento* — Al Chung-liang Huang. A essência do t'ai chi, entendido como o princípio mais sutil do taoísmo, isto é, wu-wei, a "não ação". É a aprendizagem do mover-se com o vento e a água, sem violência.

XI — *O Corpo Traído* — Alexander Lowen. O autor aborda o complexo problema da esquizofrenia, das realidades e necessidades de nosso próprio corpo, mostrando como chegarmos a uma plena e gratificante união corpo-mente.

XII — *Descobrindo Crianças* — Violet Oaklander. A abordagem gestáltica com crianças e adolescentes.

XIII — *O Labirinto Humano* — Elsworth F. Baker. O livro apresenta a teoria reichiana segundo a qual o caráter humano está baseado no movimento e na interrupção do movimento da energia sexual.

XIV — *O Psicodrama* — Dalmiro M. Bustos. Livro que permite aprender aspectos técnicos de grande utilidade para o psicodramatista, além de dar uma visão global das diferentes aplicações das técnicas dramáticas.

XV — *Bioenergética* — Alexander Lowen. Através de estudos baseados nas teorias de Reich sobre os variados processos de formação da couraça muscular, o autor analisa diversos tipos de comportamento e propõe exercícios que buscam alcançar a harmonia com o Universo.

XVI — *Os Sonhos e o Desenvolvimento da Personalidade* — Ernest Lawrence Rossi. Este livro apresenta os sonhos e a imaginação como processos criativos que conduzem a novas dimensões de consciência, personalidade e comportamento.

XVII — *Sapos em Príncipes* — *programação neurolingüística* — Richard Bandler e John Grinder. A programação neurolingüística é um novo modelo de comunicação humana e comportamento. Trata-se de uma técnica minuciosa, que torna possíveis mudanças muito rápidas e suaves de comportamento.

XVIII — *As Psicoterapias Hoje* — Org. Ieda Porchat. Um grupo de autores nacionais aborda com clareza e atualidade algumas das técnicas psicoterapêuticas empregadas correntemente, situando-as no contexto geral das terapias.

XIX — *O Corpo em Depressão* — Alexander Lowen. A perda da fé, a dissociação entre o corpo e o espírito, entre o homem e a natureza, a agitação da vida moderna, estão entre as razões para a depressão. Neste livro Lowen aponta o caminho para a redescoberta de nosso equilíbrio.

XX — *Fundamentos do Psicodrama* — J. L. Moreno. Mediante um amplo debate com famosos psicoterapeutas, Moreno expõe sua teoria e aborda a transferência, tele, psicoterapia de grupo, espontaneidade e outros temas vitais.

XXI — *Atravessando — Passagens em Psicoterapia* — Richard Bandler e John Grinder. Neste livro de programação neurolingüística, enfatiza-se principalmente a formação dos estados de transe e a rica fenomenologia da hipnose.

XXII — *Gestalt e Grupos* — Therese A. Tellegen. Primeira exposição histórico-crítica, entre nós, da Gestalt-terapia. O livro, além dos gestalt-terapeutas, é útil para terapeutas de outras abordagens e demais interessados em grupos, desejosos de confrontar sua experiência com uma reflexão a nível teórico-prático.

XXIII — *A Formação Profissional do Psicoterapeuta* — Elenir Rosa Golin Cardoso. Este livro mostra como se forma o psicoterapeuta, enfocando em especial sua figura idealizada. Através do *Sceno Test*, apresenta uma nova técnica de supervisão.

XXIV — *Gestalt-Terapia: Refazendo um Caminho* — Jorge Ponciano Ribeiro. Uma tentativa teórica de explicar a Gestalt-terapia a partir das teorias que a fundamentam.

XXV — *Jung* — Elie G. Humbert. Análise da trajetória intelectual e humana do grande psicanalista, enriquecida por uma detalhada cronologia e bibliografia.

XXVI — *Ser Terapeuta — Depoimentos* — Org. Ieda Porchat e Paulo Barros. Entrevistas com psicoterapeutas, que trazem para os profissionais e estudantes um depoimento vivo e rico sobre a atividade do terapeuta.

XXVII — *Resignificando* — Richard Bandler e John Grinder. Mudando o significado de um evento, de um comportamento, mudamos as respostas e o comportamento das pessoas.

XXVIII — *Ida Rolf Fala sobre Rolfing e Realidade Física* — Rosemary Feitis (organizadora). Um instigante e esclarecedor encontro com a teoria do Rolfing e os pensamentos da Dra. Ida Rolf, sua fundadora.

XXIX — *Terapia Familiar Breve* — Steve de Shazer. O autor descreve a teoria e a prática de um modo de atuar que desafia pressupostos básicos da terapia familiar, enfatizando a teoria da mudanca.

XXX — *Corpo Virtual — Reflexões sobre a clínica psicoterápica* — Carlos R. Briganti. Este texto possibilita o despertar de novos conhecimentos e novas questões a respeito da complexidade humana associada ao corpo, com toda a sua potencialidade de transformação e de mudança.

XXXI — *Terapia Familiar e de Casal — Introdução às abordagens sistêmica e psicanalítica* — Vera L. Lamanno Calil. A riqueza de conceitos e de conhecimentos teóricos e práticos associados à terapia familiar e de casal levou a autora a sistematizar nesta obra conceitos fundamentais, com a descrição de casos, e ressaltando a constante evolução desta modalidade terapêutica.

XXXII — *Usando sua Mente — As coisas que você não sabe que não sabe* — Richard Bandler. Este livro amplia o conhecimento sobre a Programação Neurolingüística, mostrando-nos como funciona esse método que propicia uma verdadeira mudança de comportamento.

XXXIII — *Wilhelm Reich e a Orgonomia* — Ola Raknes. Neste livro, Ola Raknes trata do envolvimento gradual de Reich com a Orgonomia através do desenvolvimento lógico de suas descobertas.

DAG GRÁFICA E EDITORIAL LTDA.
Imprimiu
Av. Nossa Senhora do Ó, 1.782
Tel.: 857-6044